KB212175

성경의 중심
심판과 구원(미가서)
THE FOCUS OF THE BIBLE

권기호 지음

엘맨

성경의 중심 - 심판과 구원(미가서)

초 판 1쇄 | 2024년 4월 25일

지 은 이 | 권 기 호
펴 낸 이 | 이 규 종
펴 낸 곳 | 엘맨출판사

등   록   제10-1562(1985. 10. 29)
주   소 | 서울 마포구 토정로222 422-3
전   화 | 02) 323-4060
팩   스 | 02) 323-6416
이 메 일 | elman1985@hanmail.net
홈페이지 | www.elman.kr
I S B N | 978-89-5515-761-1 03230
정   가 | 18,000원

2023년 11월 16일(목) 소천한 장모님 고 홍순옥 권사님(91세, 부산모자이크교회)과 2023년 12월 3일(일) 소천한 어머님 고 박정옥 권사님(85세, 인천주안중앙교회)에게 이 책을 헌정합니다

권기호 목사님이 성도님들에게 아주 유익한 책을 저술하였다. 권 목사님은 개역개정 성경의 시작과 끝 그리고 중앙을 중요하게 생각하고 있다. 성경 전체의 절의 중심과, 전체의 장의 중심 그리고 신구약 66권의 중앙에 해당되는 책을 구분하고 있다. 권목사님은 신구약 성경 66권의 중앙에 해당하는 성경이 미가서라는 점에 근거하여 미가서의 중요성을 인식하고 이 책을 기록하였다.

권목사님은 미가서의 구조를 잘 이해하면서, 미가서의 메시지가 3단락으로 나눌 수 있고, 각 단락은 심판으로 시작해서 구원으로 마무리 되는 점을 잘 간파하고 있다. 그리고 권 목사님의 미가서 책은 중요한 것을 반복함으로 성도들이 중요 메시지를 잘 기억할 수 있도록 하고 있는 것이 아주 인상적이다. 일반적으로 많은 책들이 중요한 메시지를 한 차례 지적하고 지나쳐 버리기 때문에 독자들은 그것이 얼마나 중요한 것인지 알 수도 없고 또 기억하지도 못한다. 하지만 이 책은 여러번 반복하고 있기 때문에 권 목사님이 성도들에게 말해 주려고 하는 주요 메시지가 무엇인지 잊지 않고 기억하게 만들어 준다.

이 책의 또 다른 장점은 히브리어 단어의 의미를 쉽게 설명해 주고 있다는 것이다. 단어의 의미를 지루하게 나열하지 않고, 성도들이 꼭 알아야 할 히브리어 단어의 의미를 잘 설명하고 있다. 특히 단어의 의미를 본문의 배경 속에서 바르게 이해하고 설명하고 있는 것도 중요하다. 모든 언어는 동일한 한 단어일지라도 배경에 따라 의미가 크게 달라진다. 부모님이 "10시다"라고 말할 경우에, 이 말은 잘 시간이 되었다는 뜻을 가질 수도 있고, 드라마나 뉴스 시간이 되었다는 말일 수도 있다. 무슨 의미인지는 그 단어가 사용된 배경을 봐야 만이 정확하게 판단을 내릴 수 있다.

그렇기 때문에 단어의 사용 배경은 매우 중요하다. 이 책은 이런 배경을 고려하면서 단어의 뜻을 잘 설명하는 장점을 가지고 있다. 이런 장점을 가진 권 목사님의 책을 성도들이 읽으면, 하나님 나라의 복음과 구원의 메시지를 잘 이해할 수 있을 것이고, 성경 지식도 크게 향상 될 수 있을 것으로 기대된다.

고려신학대학원 구약학 교수 기동연 박사

"성경의 중심-심판과 구원(미가서)"

목회자는 한 편의 설교를 만들기 위해 해산의 진통을 겪습니다. 특히 설교문을 작성하기 전 성경을 주해하는 과정은 그야말로 진통 그 자체입니다. 하나님이 성경 저자를 통해 그 당시 독자들에게 주시는 메시지를 찾기 위한 수고의 과정을 거쳐야 하기 때문입니다. 이렇듯 성경 주해 과정을 거쳐 설교문을 작성하기란 매우 힘든 일입니다. 그런데 이번에 성경주해과정을 전공한 권기호 박사가 "성경의 중심-심판과 구원(미가서)"이라는 책을 출간했습니다.

이 책은 미가서를 각 단락별로 개관하고 또 본문의 핵심 내용을 해석해 놓았습니다. 무엇보다 본문을 해석하여 그 의미를 연결한 것과 미가서를 성경 66권 전체의 중심으로 보고 해석한 점은 설교자들에게 신선한 통찰을 제공해 줄 것으로 기대됩니다. 아무쪼록 "성경의 중심-심판과 구원(미가서)"이 설교를 위해 해산의 수고를 아끼지 않는 목회자들에게 또 성경 해석의 모범적 예시를 찾는 신학생들에게 본문 주해의 지침서가 되기를 바라며 이 책을 추천합니다.

이병권 박사

성경의 전체적인 이해

기독교에서 가장 중요한 것이 성경이다. 성경은 최고의 권위를 가지고 있다. 그렇다면 **첫째로,** 성경이란 무엇인가? 성경의 개념 혹은 정의는 크게 세가지이다. 첫째, 성경은 하나님의 말씀이다. 성경은 하나님의 영감으로 기록되었다(딤후 3:16, 벧후 1:21). 둘째, 성경은 하나님의 계시이다(계 1:1, 요 5:39, 46, 8:56, 행 10:43, 히 1:1-2). 성경을 통해서 하나님 자신을 드러내고 있다. 셋째, 성경은 하나님의 규범이다(딤후 3:16-17, 요 6:68). 즉 'canon'(캐논)이다. 성경은 유일한 법칙이며, 규칙이며, 진리이다. 따라서 성경은 기독교의 기초이며, 최고의 권위를 가지고 있다. 성경은 단순히 거룩한 책이 아니다. 성서가 아니다. 경전으로서 성경이다. 하나의 'story'(스토리)가 아니다. 이야기가 아니다. 정확무오한 하나님의 말씀이다. 하나님의 계시이며, 규범이다. 그런데 이러한 성경을 사람들이 이해하기 어려워한다는 게 사실이다. 성경을 읽어도 무슨 말인지 이해가 잘 안 된다는 것이다. 깨닫기가 대단히 힘들다는 것이다.

둘째로, 왜 성경은 이해하기가 어려운 것인가? 하나님께서 사람으로 하여금 모르게 하시려고 기록하시지는 않았을 것이다. 알게 하시려고 기록하셨다. 그렇다면 무엇이 문제인가? 하나님의 문제가 아니라, 우리 인간의 문제이다. 바로 그것은 우리의 사고방식에 문제가 있기 때문이다. 이 세상에는 크게 세 가지의 사고가 있다. 첫째, 헬라적 사고이다. 헬레니즘적 사고이다. 인간의 이성이 중심이 된 철학적 사고이다. 논리적이다. 세속적인 경향이다. 둘째, 히브리적 사고이다. 헤브라이즘적 사고이다. 인간의 감성이 중심이 된 종교적 사고이다. 현상적이다. 신비주의 경향이다. 셋째, 기독교적 사고이다. 헬라적 사고와 히브리적 사고를 재해석하는 사고이다. 하나님의 절대적 주권적 신앙이다. 신앙이 중심이 된 복음적 사고이다. 오직 예수 그리스도이다. 성령에 의해서 이루지는 사고이다. 새 예루살렘을 지향한다. 신본주의이다. 분명히 성경은 히브리적 사고로 기록되어 있는데, 우리의 사고는 헬라적 사고인 것이 문제이다. 또 성경은 히브리적 사고로 기록되었지만, 히브리적 사고로 끝나도 안 된다. 유대교인이 된다. 기독교적 재해석이 필요하다. 성령 안에서 복음으로 해석하는 방법 외에는 없기 때문이다. 그래서 성경을 이해하기 위해 성령 안에서 우리의 사고를 변화 시켜야 할 필요성이 있다(고전 1:23-24, 2:2, 고후 10:4, 골 2:8).

셋째로, 성경은 어떻게 구성되어 있는가? 성경은 하나의 통일성을 가지고 있다. 하나의 통일성을 가지고 있을 뿐만 아니라, 또한 다양성도 함께 가지고 있다. 그래서 성경은 한 권이지만, 구약과 신약으로 나누어지고, 구약 39권, 신약 27권, 총 66권으로 구성되어 있다. 더 나아가서 구약 39권은 다시 율법서, 역사서, 시가서, 선지서로 나눌 수 있다. 신약 27권은 다시 복음서, 사도행전, 서신서, 계시록의 네 부분으로 나눌 수 있다. 서로 짝을 맞추면서 4+4로 구성되어 있다. 이렇게 성경은 다양성을 가지고 있지만, 하나의 구조적 통일성을 이루고 있다.

넷째로, 성경의 중심 즉 핵심은 무엇인가? 성경에서 증거하는 가장 중요한 핵심은 바로 예수 그리스도이다(요 5:39, 46, 눅 24:44). 구약은 오실 예수 그리스도를 말씀하고, 신약은 오신 예수 그리스도와 다시 오실 예수 그리스도에 대해서 말씀하고 있다. 이것을 도표로 나타내면 다음과 같다.

성경 – 권위	
구약(옛 약속, 옛 언약)	**신약(새 약속, 새 언약)**
율법서 역사서 시가서 선지서	복음서 역사서(사도행전) 서신서 계시록
성경 – 토대	

예수 그리스도

이러한 성경의 처음은 구약이다. 구약성경의 맨 처음은 창세기이다. 창세기 1:1에서 "태초에 하나님이 천지를 창조하시니라"라는 선포로 시작한다. 창조로 시작한다. 그리고 말라기 4:6에서 '내가 와서 저주로 그 땅을 칠까 하노라'라는 말씀으로 끝을 맺고 있다. 저주로 끝을 맺고 있다. 그래서 구약성경은 창조로 시작하여 저주로 끝을 맺고 있다. 그런데 반해 성경의 마지막은 신약의 요한계시록이다. 신약성경의 맨 처음은 마태복음이다. 마태복음 1:1은 "아브라함과 다윗의 자손 예수 그리스도의 계보라"라고 선포하고 있다. 예수 그리스도의 계보로 시작하고 있다. 그리고 요한계시록 22:21에서 "주 예수의 은혜가 모든 자에게 있을지어다 아멘"으로 끝을 맺고 있다. 은혜로 끝을 맺고 있다. 구약 말라기 4:6에는 '아멘'이 없다. 그러나 신약 요한계시록 22:21에는 '아멘'이 있다. 저주에는 아멘이 없다. 그러나 저주를 은혜로 바꾸는 그곳에는 아멘이 있다. 그래서 신약성경은 족보로 시작하여 은혜로 끝을 맺고 있다. 그것은 바로 예수 그리스도를 통해서 저주가 은혜로 변화되는 것이다.

이렇게 성경을 전체적으로 보면 성경의 가장 처음인 구약의 창세기가 헬라어로, '알파' 즉 영어로는 A라고 할 수 있다. 히브리어로는 '알렙'이다. 그렇다면 성경의 마지막인 신약의 요한계시록은 헬라어로 '오메가' 즉 영어로 Z라고 할 수 있다. 히브리어로는 '타우'이다. 그런데 창세기와 요한계시록을 자세히 비교해서 보면, 창세기와 요한계시록이 서로 밀접하게 연관성을 가지고 있는 수미쌍관(inclusio)을 이루고 있다. 창세기는 창조 즉 에덴동산으로 시작하고 있다. 하나님께서 천지를 창조하시고 에덴동산과 사람을 만드시고, 하나님의 나라를 시작하였다. 하지만 그만 아담과 하와가 범죄함으로 에덴동산에서 쫓겨나게 되었다. 사람의 타락으로 말미암아 하나님의 나라가 파괴되었다. 그래서 하나님의 나라를 세우기 위해서 제사장을 세웠고, 왕들을 세웠고, 선지자들을 세웠지만, 결국 하나님의 나라를 세우는데 실패했다. 그래서 마태복음은 예수 그리스도의 계보를 말씀하고 있다. 하나님의 아들 예수 그리스도를 통해서 하나님의 나라를 성취했다. 사도들과 교회를 통해서 하나님의 나라를 확장하고, 결국 예수 그리스도의 재림을 통해 하나님의 나라가 완성되고 있다. 예수 그리스도의 초림으로 다시 시작된 하나님의 나라가 예수 그리스도의 탄생, 고난, 죽으심과 부활, 그리고 승천을 통해서 성취되었다. 이제 요한계시록을 통해 예수 그리스도의 재림으로 하나님의 나라가 완성되는 것이다. 그래서 성경 전체의 시작 부분인 창세기 1-4장의 큰 주제는 '첫 창조와 타락'이라고 할 수 있다. 창세기 1-2장은 창조와 에덴을 말씀하고, 3장에서 뱀을 말씀하고 있다. 그리고 성경 전체의 마지막 부분인 요한계시록 19-22장의 큰 주제는 '심판과 새 창조'라고 할 수 있다. 요한계시록 20장에서 옛 뱀을 말씀하고, 21-22장에서 새 하늘, 새 땅과 에덴의 회복을 말씀하고 있다. 역순서로 되어 있다. 이러한 사실을 도표로 나타내 보면 다음과 같다.

성경 - 권위				
영원	옛 언약		새 언약	영원
	창 1-4장	예수 그리스도	계 19-22장	
	첫 창조와 타락		심판과 새 창조	
	구약		신약	
성경 - 토대				

그러면 성경의 중간 부분은 어디인가? 성경 전체의 중간 부분에서는 무엇을 가르치고 있는가? 그래서 먼저 성경 전체의 절의 중간을 찾았다. 성경 66권은 총 1,189장으로 구성되어 있다. 총 절 수는 성경마다 조금 달랐다. 개역성경은 31,101절이고, 개역 개정은 31,103절이었다. 구약성경에서 절을 안 매긴 137절은 별도로 생각했다. 이러한 성경 전체의 중간 구절이 바로 시편 103:1-2이다. 그런데 놀라운 것은 시편 103편 바로 앞의 시편 102편이다. 시편 102편은 바벨론에 끌려가 탄식 속에서 기도할 수 밖에 없었다. 그래서 시편 102편에서 시온 회복을 간청하고 있다. 그러면서 시편 103편에서는 다시 모세의 시대로 인도되면서(미 103:7), 여호와 하나님의 용서하심은 그의 인자하심에 있다고 한다. 그리고 시편 103편 바로 뒤의 시편 104편은 여호와 하나님이 창조자 되심을 말씀하고 있다. 그러면서 처음 6일간의 창조를 말씀하고 있다. 그 중심에 시편 103편이 있다. 시편 103편에서는 여호와를 송축하라고 한다. 그러면서 여호와의 인자하심을 말씀하고 있다. 그래서 스펄전은 시편 103편을 '한 권의 성경'이라고 할 만큼 포괄적인 진리를 담고 있다고 했다. 또한 시편 103편은 절 수가 22절로 히브리어 알파벳 수효와 같아서 알파벳 시편이라고 한다. 따라서 시편 103편을 중심으로 성경 전체의 역구조로 이루어져 있다. 진정한 시온의 회복을 바라는 자는 여호와를 송축해야 한다는 것이다. 그렇게 해야 할 이유는 바로 그 하나님이 창조주 하나님이시기 때문이라는 것이다. 은혜-송축-창조로 이어지고 있다. 이것을 도표로 나타내면 다음과 같다.

시편 102편	시편 103편	시편 104편
시온의 회복 간청	여호와를 송축하라	천지의 창조 섭리

영원	성경 - 권위			영원
	창 1-4장	시 103편	계 19-22장	
	첫 창조와 타락	여호와를 송축하라	심판과 새 창조	
	성경 - 토대			

그 다음 성경 전체의 장의 중앙을 찾았다. 절의 중심에 이어 장의 중심이 어디냐는 것이다. 성경은 66권 총 1,189장으로 구성되어 있다. 구약성경이 929장이고, 신약성경이 260장이다. 그 중심 장이 594-595장이다. 시편 118편이다. 왜냐하면 구약성경의 절을 안 매긴 137절까지 포함하면 성경 전체에서 구절의 중심이 시편 118:18이기 때문이다. 이러한 시편 118편을 중심에 두고 그 앞에 시편 117편, 뒤에 시편 119편이 하나의 단락을 이루고 있다. 시편 117편은 성경 전체의 장 중에서 가장 짧은 장으로써 단 2절로 되어 있다. 그런데 반해 시편 119편은 성경 전체의 장 중에서 가장 긴 장으로써 무려 176절로 되어 있다. 따라서 시편 118편은 성경 전체의 정중앙에 위치해 있다고 할 수 있다. 뿐만 아니라 성경 전체의 축약판이라고 할 수 있다. 그래서 마틴 루터는 시편 118편을 '내가 가장 사랑하는 시편'이라고 했다. 이어서 이 시편은 '나를 수많은 환란에서 건져내었다'고 했다. 그리고 이 시편은 '나에게 큰 힘을 주었다'고 고백했다. 이것을 도표로 나타내면 다음과 같다.

시편 117편	시편 118편	시편 119편
성경에서 가장 짧은 장	**성경에서 가장 중심 장**	성경에서 가장 긴 장
여호와를 찬양하라	**여호와께 감사하라**	율법을 마음에 새기라

뿐만 아니라, 시편 113-117편은 출애굽의 할렐시이다. 출애굽의 하나님을 말씀하고 있다. 이러한 출애굽 할렐시의 결론이 시편 118편이다. 그리고 시편 120-134편은 성전에 올라가는 노래이다. 시온의 하나님을 말씀하고 있다. 이러한 시온의 노래의 서론이 시편 119편이다. 출애굽과 시온의 순서로 기록되어 있다. 출애굽의 하나님이란 출애굽 사건을 배경으로 위기 가운데 빠졌던 자신의 백성을 구원하신 하나님을 가리키고 있다. 반면 시온의 하나님이란 자신이 구원하신 백성을 시온에서 축복하시는 하나님을 가리키고 있다. 따라서 출애굽을 통해서 구원 받음에 대해서 찬양하고, 감사할 뿐만 아니라, 시온을 향해 올라가기 위해서 마음에 율법을 새기라는 것이다. 그렇게 하는 자에게 시온의 축복을 누리게 하신다는 것이다. 이것을 도표로 나타내면 다음과 같다.

시편 113-117편	시편 118편	시편 119편	시편 120-134편
출애굽 할렐시	여호와께 감사하라	율법을 마음에 새기라	시온의 순례 시
유월절(장막절)		오순절(시내산)	장막절

	성경 - 권위		
	창 1-4장	시 118편	계 19-22장
영원	첫 창조와 타락	여호와께 감사하라	심판과 새 창조
	성경 - 토대		

그리고 그 다음 성경 전체에서 권의 중심을 찾았다. 성경 전체의 절 중심에 이어 장 중심에 이어 이제 권의 중심이다. 성경은 총 66권이다. 66권의 중심은 33권이다. 33권은 미가서이다. 칠십인역(LXX)은 호세아-아모스-미가-요엘-오바댜-요나-나훔-하박국-스바냐-학개-스가랴-말라기의 순서로 되어 있다. 그러나 마소라 본문(MT)은 호세아-요엘-아모스-오바댜-요나-미가-나훔의 순서로 나머지는 동일하게 되어 있다. 우리말 개역개정은 칠십인역(LXX)을 따르는 것이 아니라, 마소라 본문(MT)을 따라 호세아-요엘-아모스-오바댜-요나-미가-나훔-하박국-스바냐-학개-스가랴-말라기의 순서로 되어 있다. 마소라 본문과 우리말 개역 개정은 모두 정경 배열을 요나-미가-나훔 순서로 하고 있다. 요나서는 하나님께서 앗수르의 수도인 니느웨로 요나를 보내 하나님의 심판이 임박했음을 선포케 하자, 니느웨 백성들이 놀랍게도 회개하여 구원받는 것을 말씀하고 있다. 물론 나훔서와 연결해서 보면 앗수르의 심판은 잠시 연기된 상태였다. 그러나 나훔서는 잠시 연기된 니느웨에 대한 심판을 선언하고 있다. 니느웨에 대해 경고하고 있다. 결코 멸망하지 않을 것 같았던 앗수르도 결국 심판 받고 말았다. 니느웨의 전적 파멸을 말씀하고 있다. 따라서 미가서는 요나서와 나훔서 중간에 정경 배열이 이루어져 있다. 하나님이 어떤 분이신가를 일깨워준다는 점에서 요나서, 미가서, 나훔서는 같은 지평에 있다. 그러나 그 방향은 서로 다르다. 요나서의 하나님은 회개하는 니느웨에게 기꺼이 구원을 베풀어 주신다. 미가서의 하나님은 이스라엘과 유다의 부패와 타락을 벌하시면서도 기꺼이 품어 주신다. 나훔의 하나님은 다시 죄악을 저지르는 니느웨에게 대적하시어 니느웨를 치고 있다. 그러니까 요나서를 통해 비록 이방인 니느웨라 할지라도 회개하면 하나님께서 용서해 주시고, 구원해 주신다는 것을 말씀하신다. 하지만 미가서 7:10에서 "네 하나님 여호와가 어디 있느냐 하던자라 그가 거리의 진흙같이 밟히리니 그것을 내가 보리로다"라는 말씀과 7:18에서 "주와 같은 신이 어디 있으리이까 주께서는 죄악과 그 기업에 남은 자의 허물을 사유하시며 인애를 기뻐하시므로 진노를 오래품지 아니하시니이다"라는 말씀이 나훔서에서 그대로 이루어지고 있다. 하나님께서 다시 죄악과 불의를 행하는 니느웨를 심판하고 있다. 이렇게 이방인 니느웨에 대한 구원과 심판을 말씀하시는 요나서와 나훔서의 중심에 미가서가 있다. 이것을 도표로 나타내면 다음과 같다.

요나	미가	나훔
니느웨의 구원	북 이스라엘과 남 유다	니느웨의 멸망

영원	성경 - 권위			영원
	창 1-4장	미가서	계 19-22장	
	첫 창조와 타락	심판과 구원(회복)	심판과 새 창조	
	성경 - 토대			

성경 전체 66권의 중심이 되는 것이 미가서이다. 미가서는 크게 세 부분으로 나눌 수 있다. 즉 각각 '들으라'(שִׁמְעוּ)로 시작하는 1:2, 3:1, 6:1을 중심으로 세 부분으로 나눌 수 있다. 이렇게 세 부분으로 나누면, 첫째, 1-2장이다. 둘째, 3-5장이다. 셋째, 6-7장이다. 이러한 각 단락들을 보면, 전반부에는 선민의 범죄 지적이나 심판 예언 등의 부정적 내용이 나오고, 후반부에는 구원과 회복의 예언 및 메시아의 도래 예언과 같은 긍정적 내용이 나오는 형식으로 되어 있다. 그러면서 이러한 각 단락들 안에 '심판과 구원'이 서로 짝을 이루고 있다는 것을 강조하고 있다. 첫 번째 단락에서(미 1:2-2:13), 1:2-2:11은 심판이며, 2:12-13은 구원이다. 두 번째 단락에서(미 3:1-5:15), 3:1-12은 심판이며, 4:1-5:15은 구원이다. 세 번째 단락에서(미 6:1-7:20), 6:1-7:6은 심판이며, 7:7-20은 구원이다. 각 단락들이 모두 심판에서 구원으로 연결된다. 심판이 중심이 아니라, 구원이 핵심이다. 심판을 통한 구원이다. 회개를 통한 회복이다. 이와 같이 미가서는 심판에서 구원으로 향하고 있다. 심판이 중심이 아니라, 구원이 중심이다. 심판이 목적이 아니라, 구원이 목적이다. 심판이 핵심이 아니라, 구원이 핵심이다. 성경 전체의 주제와 아주 밀접하게 연결되어 있다.

목｜차

이것은 요담과 아하스와 히스기야가 유다 왕으로 있을 당시 여호와께서 모레셋
사람 미가에게 사마리아와 예루살렘에 관하여 주신 말씀이다.
The word of the Lord that came to Micah the Morasthite in the days of
Jotham, Ahaz, and Hezekiah, kings of Judah, which he saw concerning Samaria
and Jerusalem.
미가 1:1

01

표제

성경의 중심

01 표제

성경 : 미가 1 : 1

> **서론** 기독교에서 가장 중요한 것이 성경이다. 성경이란 무엇인가? 첫째, 성경은 하나님의 말씀이다. 둘째, 성경은 하나님의 계시이다. 셋째, 성경은 하나님의 규범이다. 성경은 기독교의 기초이며, 최고의 권위이다. 경전으로서 성경이다. 성경은 유일한 법칙이며, 규칙이며, 진리이다. 성경은 단순히 거룩한 책이 아니다. 성서가 아니다. 하나의 'story'(스토리)가 아니다. 정확 무오한 하나님의 말씀이다.

1) 성경이 왜 어려운가? 왜 잘 이해가 되지 않는가?

그것은 사고방식에 문제가 있기 때문이다. 이 세상에는 크게 세 가지 사고가 있다. 첫째, 헬라적 사고이다. 헬레니즘적 사고이다. 둘째, 히브리적 사고이다. 헤브라이즘적 사고이다. 셋째, 기독교적 사고이다. 헬라적 사고와 히브리적 사고를 재해석하는 복음적 사고이다. 그래서 성경을 이해하기 위해서는 성령 안에서 우리의 사고를 변화시켜야 할 필요성이 있다(고전 1:23-24, 2:2, 고후 10:4, 골 2:8).

2) 성경은 어떻게 구성되어 있는가? 성경의 구조는 어떠한가?

성경은 통일성과 다양성을 함께 가지고 있다. 성경은 한 권이지만,

66권이다. 구약성경이 39권이요, 신약성경이 27권이다. 구약성경은 율법서, 역사서, 시가서, 선지서로 나눌 수 있다. 신약성경은 복음서, 역사서(사도행전), 서신서, 계시록으로 나눌 수 있다. 서로 짝을 이루면서 4+4로 구성되어 있다. 이것을 도표로 나타내면 다음과 같다.

성경 – 권위	
구약(옛 약속, 옛 언약)	신약(새 약속, 새 언약)
율법서 역사서 시가서 선지서	복음서 역사서(사도행전) 서신서 계시록
예수 그리스도	
성경 – 토대	

3) 성경의 핵심은 무엇인가?

성경에서 증거하는 가장 중요한 핵심은 바로 예수 그리스도이다(요 5:39, 46. 눅 24:44). 구약은 오실 예수 그리스도를 말씀하고, 신약은 오신 예수 그리스도와 다시 오실 예수 그리스도에 대해서 말씀하고 있다.

4) 성경의 맨 처음은 구약이다.

구약 성경은 창세기 1:1에서 창조로 시작한다. 그리고 말라기 4:6에서 저주로 끝을 맺고 있다. 성경의 마지막은 신약의 요한계시록이다. 신약의 제일 처음은 마태복음 1:1에서 족보로 시작한다. 그리고 요한계시록 22:21에서 은혜로 끝을 맺는다. 구약 말라기 4:6에서는 아멘이 없지만, 신약 요한계시록 22:21에는 아멘이 있다. 저주에는 아멘이 없지만, 저주를 은혜로 바꾸는 그곳에는 아멘이 있다. 예수 그리스도를 통해서 저주가 은혜로 변화되는 것이다.

5) 성경의 가장 처음인 구약의 창세기와 성경의 가장 마지막인 신약의 요한계시록은 서로 밀접하게 연관성을 가지고 서로 수미쌍관(inclusio)을 이루고 있다.

성경 전체의 시작 부분인 창세기 1-4장의 큰 주제는 '첫 창조와 타락'이라고 할 수 있다. 그리고 성경 전체의 마지막 부분인 요한계시록 19-22장의 큰 주제는 '심판과 새 창조'라고 할 수 있다. 이러한 구조를 도표로 나타내 보면 다음과 같다.

성경 - 권위			
옛 언약		새 언약	
창 1-4장	예수 그리스도	계 19-22장	
첫 창조와 타락		심판과 새 창조	
구약		신약	
성경 - 토대			

영원   영원

6) 성경 전체 절의 중간은 어디인가, 성경 전체의 중간 부분에서는 무엇을 가르치고 있는가?

성경 전체의 절의 중간은 시편 103:1-2이다. 그런데 시편 103편 앞의 시편 102편에서는 시온의 회복을 간청하고 있다. 그러면서 시편 103편에서는 다시 모세의 시대로 인도하여(시 103:7), 여호와의 인자하심을 강조하고 있다. 그리고 시편 103편 다음의 시편 104편에서는 여호와 하나님이 창조자 되심을 말씀하고 있다. 그래서 스펄전은 시편 103편이 '한 권의 성경'이라고 할 만큼 포괄적인 진리를 담고 있다고 했다. 또한 시편 103편은 절 수가 22절로 히브리어 알파벳 수효와 같아서 알파벳 시편이라고도 한다. 그런데 시편 103편은 성경 전체의 역구조로 되어 있다. 진정한 시온의 회복을 바라는 자는 여호와를 송축해야 한다는 것이다. 그렇게 해야 할 이유는 바로 그 하나님이 창조주 하나님이시기 때문이라는 것이다. 이것을 도표로 나타내면 다음과 같다.

시편 102편	시편 103편	시편 104편
시온의 회복 간청	여호와를 송축하라	천지의 창조 섭리

영원	성경 - 권위			영원
	창 1-4장	시 103편	계 19-22장	
	첫 창조와 타락	여호와를 송축하라	심판과 새 창조	
	성경 - 토대			

7) 성경 전체 장의 중앙은 어디인가, 성경 전체의 중앙 부분에서는 무엇을 가르치고 있는가?

성경 전체의 장의 중심은 시편 118편이다. 이러한 시편 118편을 중심에 두고, 앞에는 시편 117편이다. 성경 전체에서 가장 짧은 단 2절이다. 그리고 뒤에는 시편 119편이다. 성경 전체에서 가장 긴 176절이다. 그래서 시편 118편은 성경 전체의 축약판이라고 한다. 마틴 루터는 시편 118편을 '내가 가장 사랑하는 시편'이라고 했다.

이 시편이 '나를 수많은 환란에서 건져내었다'고 했다. '나에게 큰 힘을 주었다'고 고백했다. 이것을 도표로 나타내면 다음과 같다.

시편 117편	시편 118편	시편 119편
성경에서 가장 짧은 장	성경에서 가장 중심 장	성경에서 가장 긴 장
여호와를 찬양하라	여호와께 감사하라	율법을 마음에 새기라

8) 시편 113-117편은 출애굽의 할렐시이다.

출애굽의 하나님을 말씀하고 있다. 출애굽 할렐시의 결론이 시편 118편이다. 그리고 시편 120-134편은 성전에 올라가는 노래이다. 시온의 하나님을 말씀하고 있다. 이러한 시온의 노래의 서론이 시편 119편이다. 출애굽과 시온이 성경 전체의 순서대로 되어 있다. 따라서 출애굽을 통해서 구원받음에 대해서 찬양하고, 감사할 뿐 아니라, 시온을 향해 올라가기 위해서 마음에 율법을 새기라는 것이다. 그렇게 하는 자에게 시온의 축복을 누리게 하신다는 것이다. 이것을 도표로 나타내면 다음과 같다.

시편 113-117편	시편 118편	시편 119편	시편 120-134편
출애굽 할렐시	여호와께 감사하라	율법을 마음에 새기라	시온의 순례 시
유월절(장막절)		오순절(시내산)	장막절

영원	성경 - 권위			영원
	창 1-4장	시 118편	계 19-22장	
	첫 창조와 타락	여호와께 감사하라	심판과 새 창조	
	성경 - 토대			

9) 성경 전체 권의 중심은 어디인가?

성경 전체의 중심 부분에서는 무엇을 가르치냐는 것이다. 66권의 중심은 33권째인 미가서이다. 칠십인역(LXX)은 호세아-아모스-미가-요엘-오바댜-요나-나훔-하박국-스바냐-학개-스가랴-말라기의 순서로 되어 있다. 그러나 마소라 본문(MT)은 호세아-요엘-아모스-오바댜-요나-미가-나훔의 순서로 나머지는 동일하게 되어 있다. 우리말 개역개정은 칠십인역(LXX)을 따르는 것이 아니라, 마소라 본문(MT)을 따라 호세아-요엘-아모스-오바댜-요나-미가-나훔-하박국-스바냐-학개-스가랴-말라기의 순서로 되어 있다. 마소라 본문과 우리말 개역개정은 모두 정경적 배열을 요나-미가-나훔 순으로 하고 있다. 미가서는 요나서와 나훔서 중간에 위치하고 있다. 이것을 도표로 보면 다음과 같다.

요나	미가	나훔
니느웨의 구원	북 이스라엘과 남 유다	니느웨의 멸망

	성경 - 권위		
영원	창 1-4장	미가서	계 19-22장
	첫 창조와 타락	심판과 구원(회복)	심판과 새 창조
	성경 - 토대		

1. 미가의 시대 / 배경

1) 미가 1:1의 원문은 우리말 개역개정과 그 순서가 다르게 기록되어 있다. 먼저 '여호와의 말씀이 모레셋 사람 미가에게 임했다'라고 기록되어 있다. 이어서 '유다 왕들 요담과 아하스와 히스기야 시대'라고 한다. 그리고 '곧 사마리아와 예루살렘에 관한 묵시라'고 한다. 하지만 편리상 우리말 개역개정의 순서를 그대로 따라서 생각해 보려고 한다.

2) 미가서의 배경은 유다의 요담 왕과 아하스 왕과 히스기야 왕 시대라고 분명히 밝히고 있다. 이들은 B.C. 750년부터 687년까지 유다를 다스린 왕들이다. 따라서 B.C. 722년에 북쪽 이스라엘이 멸망하기 때문에 북쪽 이스라엘 수도 사마리아가 멸망하기 전과 그 이후에 대해서 말씀하고 있다. 남쪽 유다는 587년에 멸망하기 때문에 멸망하기 100년 전에 대해서 말씀하고 있다. 당시 비슷한 시기에 활동한 선지자로는 남 유다 출신이면서 북 이스라엘에서 활동한 아모스와 호세아 선지자가 있다. 이렇게 B.C. 8세기에 통치하였던 왕들의 이름을 기록해 놓은 선지서는 아모스, 호세아, 이사야서를 예로 들 수 있다. 이것을 도표로 보면 다음과 같다.

	아모스	호세아	이사야	미가
이스라엘의 왕	여로보암 2세	여로보암 2세		
유다의 왕들	웃시야	웃시야 요담 아하스 히스기야	웃시야 요담 아하스 히스기야	요담 아하스 히스기야

3) 맨 처음 요담 왕을 언급하고 있다. 요담 왕은 B.C. 747-731에 유다를 다스린 제11대 왕이다(왕하 15:32-36, 37-38). 요담 왕의 뒤를 이어 그 아들 아하스가 제12대 유다 왕이 되어, B.C. 731-716년에 통치했다(왕하 16:1-4). 아하스 왕에 뒤이어 그의 아들 히스기야가 제13대 유다 왕이 되어, B.C. 715-687년에 통치했다(왕하 18:1-8).

4) 미가 선지자가 본격적으로 활동한 시기는 예레미야 26:18에 기록된 것처럼 히스기야 시대로 보인다. 그 당시 유다 사회는 이미 멸망하였던 북 이스라엘의 수도 사마리아와 다를 바 없었다. 사회적으로 착취에 의한 빈익빈 부익부가 더욱 심화되고 종교적으로 돈을 위해 예언을 왜곡하거나 만들어내는 부패가 아주 심각했다. 그래서 미가서는 온갖 죄악을 행하는 이들을 향해 하나님의 심판이 임할 것이라는 것을 말씀하고 있다.

5) 유다 왕 웃시야와 그 아들 요담과 히스기야의 공통점은 처음에는 여호와 보시기에 정직했으나, 나중에 교만하여졌다는 것이다. 유다 왕 요담의 아들 아하스는 여호와 보시기에 정직하게 행하지 아니하고, 우상을 섬겼다. 이 왕들의 공통점은 한마디로 '교만'했다는 것이다(잠 16:18).

2. 미가의 인물 / 출신

1) 미가 1:1에서 미가 선지자에 대해서 말씀하고 있다. 아주 간단하다. 여호와의 말씀이 모레셋 사람 미가에게 임했다는 것이다. 미가서는 오직 여호와 하나님으로부터 받은 계시임을 강조하고 있다. 미가서에서 가장 강조하고 싶은 것은 기록자 미가가 아니고, 원저자인 여호와 하나님이시다.

2) 이러한 여호와 하나님의 말씀이 누구에게 임했다고 하는가? '모레셋 사람 미가에게'라고 한다. 미가라는 개인적인 사람에게 여호와의 말씀이 임했다고 한다. 미가란 말씀은 히브리어 '미카야'의 축약형이다. 그 의미는 '누가 여호와와 같은 자인가?'라는 것이다(미 7:18). 따라서 미가서는 여호와께서 어떤 분이신지를 드러내는 말씀이라고 할 수 있다.

3) 이러한 미가란 이름을 가진 다른 사람들과 구별하기 위해서 이름 앞에 '모레셋'이라는 출신지를 함께 기록하고 있다. '모레셋'은 미가 1:14의 '가드모레셋'과 동일한 지역을 가리키는 것 같다(대하 11:5-8). '가드'라는 말씀과 '모레셋'이라는 말씀을 통해 모레셋이 블레셋의 주요 도시 중의 하나인 가드의 지배를 받았던 사실과 연관이 있는 듯하다. 그래서 모레셋은 유다 땅이었지만, 실상 이방나라, 그것도 선민이 가장 혐오하고 선민에게 가장 적대적인 나라인 블레셋의 잔재가 찌든 천시 받는 땅이요 매우 보잘 것 없는 곳이라고 할 수 있다. 이러한 출신 배경이 이스라엘 백성들로부터 배척을

받게 된 주요 원인이 되기도 했다. 이것이 이사야 선지자와 다르다.

3. 미가의 묵시 / 대상과 권위

1) 미가 1:1에서 '사마리아와 예루살렘에 관한 묵시'라고 한다. 사마리아는 북 이스라엘의 수도이다. 예루살렘은 남 유다의 수도이다. 따라서 미가서는 북 이스라엘과 남 유다를 아우르면서 하나님의 선민 전체를 대상으로 말씀하고 있다.

2) 사람들의 정치적 탐욕으로 말미암아 남 유다와 북 이스라엘로 서로 나눠지고 심지어 적대국을 대하는 것처럼 서로 전쟁을 하기도 했다. 그러나 여호와 하나님께서는 선민 모두에 대해 변함없이 관심을 갖고 계시며 변함없이 그들 모두를 바른 삶의 길로 인도하신다는 사실을 암시하고 있다. 미가서 1:6-7에서 북 이스라엘 멸망에 대해 말씀하고 있다. 미가서는 북 이스라엘이 B.C. 722년에 멸망하는 것을 실제로 목격한 것같이 기록하고 있다. 이러한 일이 일어나기 이전 시점과 이후 시점에 대해 말씀하고 있다.

3) 미가서는 미가 자신에게 임한 '여호와의 말씀'을 '묵시'라고 한다 (미 1:1 3:7, 4:11). '말씀'이라는 것은 히브리어로 '다바르'이고, '묵시'는 히브리어로 '하자'이다. 서로 대구를 이루는 단어이다. '다바르'나 '하자' 모두 여호와 하나님의 말씀을 나타낸다는 점에서 다를 바 없다. 그러나 '다바르'는 여호와 하나님께서 하신 말씀을 포

괄적으로 나타내는 표현이라면, '하자'는 인류 전체나 어느 나라의 운명과 관련된 내용을 선포함을 의미하는 표현으로 볼 수 있다. 미가서는 사마리아와 예루살렘에 관한 '묵시'이다.

> **결론** 성경은 통일성과 다양성을 가지고 있다. 성경은 한 권이면서 66권이다. 66권 가운데 중앙에 있는 33권 째가 바로 미가서이다. 정경적 배열의 순서는 요나-미가-나훔이다. 요나서는 니느웨의 구원을 말씀하고, 나훔은 니느웨의 멸망을 말씀하고 있는데, 그 중심에 미가서가 있다. 미가는 이사야와 같은 시대에 활동한 선지자이다. 이사야서는 성경 전체 권수와 같은 66장으로 되어 있는데, 미가서는 이사야서의 요약이다. 작은 이사야서이다.

1) 미가 1:1은 미가서의 표제이다. 우리말 개역개정과 원문은 그 어순이 다르다. 하지만 내용상에는 차이가 없다. 표제에서는 세 가지를 말씀하고 있다. 그를 3인칭 남성 단수로 지칭하면서 미가 선지자가 사역했던 시대, 선지자의 이름과 출생지, 그의 메시지의 출처와 대상을 말씀하고 있다.

2) 첫째, 미가가 살던 시대이다. 역사적 배경이다. 유다의 왕들 요담, 아하스, 히스기야 시대이다. 이 시기는 대단히 불안정한 시대였다. 우상을 섬기는 시대이다. 하나님의 말씀을 무시하는 시대이다. 각종 불의와 타락이 만연하고 있는 시대였다. 이 시대는 왕들의 교만을 통해서 멸망으로 가고 있었다. 이러한 끔찍한 시대에 하나님을

경외한다는 것이 무엇을 의미하는가? 미가서는 이런 현실 속에서 하나님이 미가 선지자에게 보여 주신 말씀을 전하고 있다. 교만이 아니라, 겸손이다.

3) 둘째, 미가가 살던 출생지이다. 출생의 배경이다. 모레셋 사람 미가이다. 초라하고 보잘것없는 모레셋 사람 미가였지만, 그럼에도 여호와의 말씀이 임하였다. 미가란 '여호와와 같은 이가 누구랴'를 의미하고 있다(미 7:14, 18). 따라서 미가서는 초라하고, 보잘것없는 미가 선지자를 통해서 여호와께서 어떤 분이신지를 드러내고 있다. 그것도 미가 선지자가 살던 주전 8세기를 통해 여호와께서 어떤 분이신지를 드러내고 있다. 그분과 같은 이가 없다는 사실을 알게 하고 있다.

4) 셋째, 미가가 살던 시대 사역이다. 예언의 성격이다. '사마리아와 예루살렘에 관한 묵시'이다. 미가 선지자가 본 것이다. 이사야, 아모스, 하박국과 같이 환상으로 본 것과 묵시로 받은 것이다. 주로 환상을 통해 본 특별한 현상을 가리키고 있다. 그러나 보는 것뿐만 아니라 듣는 것도 포함하고 있다. 미가는 그 시대를 살면서 그 시대의 본질을 꿰뚫어 보고 참혹한 현실에도 불구하고 다가올 새로운 미래를 보았다. 세상 사람들과 다른 것을 본 사람이라고 할 수 있다. 하나님의 비전을 본 사람이다. 여호와 하나님께서 묵시라는 방법을 통해 미가 선지자에게 전달해 주고 있다.

지상에 사는 모든 사람들아, 들어라! 주 여호와께서 너희에게 대하여 그의 성전
에서 증거하실 것이다.

Hear, all ye people; hearken, O earth, and all that therein is: and let the Lord
God be witness against you, the Lord from his holy temple.

미가 1:2

02

주 여호와께서

02 주 여호와께서

성경 : 미가 1 : 2 - 5

> **서론** 성경은 통일성과 다양성을 가지고 있다. 성경은 한 권
> 이며, 66권이다. 구약성경은 39권이며, 신약성경은 27
> 권이다. 성경은 전체적으로 처음과 끝이 서로 수미쌍관
> (inclusio)을 이루고 있다.

1) 성경 전체의 처음은 창세기 1-4장이다.

한 마디로 '첫 창조와 타락'에 대해서 말씀하고 있다. 그리고 성경
전체의 마지막은 요한계시록 19-22장이다. 한 마디로 '심판과 새
창조'에 대해서 말씀하고 있다. 하나님 나라의 시작에서 하나님 나
라의 완성으로 향하고 있다. 다시 말해 하나님이 창조하신 온전하
신 에덴의 회복을 말씀한다.

2) 그렇다면 성경 전체의 중심에서는 무엇을 가르치고 있는가?

타락한 세상에서 구원을 받아 새 예루살렘을 향해 가는 우리가 어
떻게 해야 할까? 첫째, 성경 전체의 절의 중간인 시편 103편을 통해
서 '여호와를 송축하라'고 했다. 시편 102편에서 시편 104편을 중
심 단락으로 생각했다. 둘째, 성경 전체의 장의 중심인 시편 118편

을 통해서 '여호와께 감사하라'고 했다. 시편 117편에서 시편 119편을 중심 단락으로 생각했다.

3) 셋째, 성경 전체의 권의 중심에는 미가서가 있다.

미가서는 성경 전체 66권 중 33권째이다. 미가는 이사야와 같은 시대에 활동한 선지자이다. 이사야서는 성경 전체 권수와 같은 66장으로 되어 있는데, 미가서를 작은 이사야서라고 한다. 미가를 남 유다의 아모스라고 한다.

4) 또한 더욱 놀라운 것은 미가서가 이방인 니느웨의 구원을 말씀하는 요나서와 니느웨의 멸망을 말씀하는 나훔서 중간에 위치하고 있다는 사실이다.

그렇다면 하나님의 선민, 북 이스라엘과 남 유다는 어떻게 되는가? 이방인 니느웨를 구원하시고, 심판하시는 하나님께서 북이스라엘과 남 유다는 죄를 지어도 괜찮다고 하시는가? 천만의 말씀이다. 죄에 대해서 철저하게 심판하시고, 회개하면 용서해 주시는 하나님이라는 것이다. 이것을 도표로 보면 다음과 같다.

성경 – 권위		
창 1-4장	미가서	계 19-22장
첫 창조와 타락	심판과 구원(회복)	심판과 새 창조
성경 – 토대		

영원 (좌) / 영원 (우)

요나	미가	나훔
니느웨의 구원	북 이스라엘과 남 유다	니느웨의 멸망

5) 미가서 1:1은 표제이다.

표제에서 세 가지를 살펴 보았다. 첫째, 미가의 시대이다. 유다 왕들 요담과 아하스와 히스기야 시대라는 것이다. B.C. 750년에서 687년이며, 이 시대에 유다 왕들은 처음에 여호와 보시기에 정직했지만, 후에는 점점 교만해져서 타락의 길을 걸었다. B.C. 722년 북 이스라엘의 멸망 전후이고, 그 100~150년 후에 남 유다가 멸망하였다. 왕들의 공통점은 바로 교만이다. 둘째, 미가의 출신이다. 모레셋 사람 미가라는 것이다. 족보도 없고, 가문도, 지파도 내세울 것이 아무것도 없다. 오직 단 하나 모레셋 사람, 가드모레셋 사람 미가라는 사실이다. 하지만 이런 미가에게 여호와의 말씀이 임했다는 것이다. 스펙보다 하나님의 말씀이다. 셋째, 미가의 묵시이다. 사마리아와 예루살렘에 관한 묵시라는 것이다. 북 이스라엘과 남 유다에 대해 여호와 하나님께서 미가에게 환상을 통해 보여준 말씀을 전달해 주고 있다. 계시의 경로를 아주 분명하게 하고 있다. 하나님께서 미가 선지자를 통해서 하나님의 마음을 전달하고 보여 주신 것이다.

1. 들을지어다.

1) 미가 1:2을 시작하면서 들으라(שמע)고 한다. 그것도 두 번이나 반복하면서 들으라고 한다. 이것은 단순히 귀로 들으라는 의미만이 아니다. 귀로 소리를 듣고, 들은 것을 잘 이해하고, 더 나아가서 들은 바에 부합되게 행동하는 것까지를 말씀하고 있다. 여호와의 말씀, 묵시이기에 그 엄중한 명령의 말씀을 철저히 듣고, 그 말씀을 철저히 따라야 함을 강조하고 있다.

2) 그러면서 누가 들으라고 하는가? 경청의 대상이다. 들어야 할 대상이다. '백성들아, 땅과 거기에 있는 모든 것들아. 너희는 다 들을지어다.'라는 것이다. 여기 백성은 온 국민을 가리킨다. 미가 시대와 그 이후의 모든 세대 사람들을 향하여 들으라고 한다.

3) 어떻게 들으라고 하는가? 경청의 자세이다. 듣는 방법이다. 하나도 빼놓지 말고, '자세히' 들으라고 한다. 하나도 빼놓지 말고, 귀를 기울여 들으라고 한다. 순종을 전제로 하고 있다.

4) 무엇을 들으라고 하는가? 경청의 내용이다. 들어야 할 내용이다. '하나님이 진노 가운데 강림하신다'는 것이다. 증언하실 뿐만 아니라, 심판을 선언하는 재판장이나 심판을 친히 수행하는 심판자로 말씀하고 있다. 하늘과 땅을 대조시키면서 참혹한 심판을 말씀하고 있다. 범죄에 찌든 백성들이 안심하고 있다가 그야말로 순식간에 파멸을 당할 것이라는 것이다.

2. 말미암음이요.

1) 미가 1:5에서 이렇게 하나님이 친히 강림하셔서 진노의 심판을 하시려는 그 원인이 무엇인지를 말씀하고 있다. "하나님께서 강림하사 땅의 높은 곳을 밟으실 것이며, 그 아래에서 산들이 녹고 골짜기들이 갈라지기를 불 앞의 밀초 같고 비탈로 쏟아지는 물 같을 것이니"(미 1:3-4) 이 모든 심판의 원인을 이렇게 말씀하고 있다. '콜 조트'(כל־זאת)는 '이것은 다'라는 말이다. 이는 다 '야곱의 허물과 이스라엘 족속의 죄' 때문이라는 것이다. '허물과 죄'이다.

2) 야곱은 북 이스라엘로 비유되며, 사마리아는 북 이스라엘의 죄악의 본거지이다. 북 이스라엘, 사마리아가 심판을 받아 처참하게 멸망한 것은 바로 죄악 때문이다. 남 유다 역시 산당을 짓고 우상을 섬기는 죄악을 범하고 있는데, 그 본거지가 바로 성전이 있는 예루살렘이라는 것이다.

3) 예루살렘 성전이 산당과 마찬가지로 우상숭배의 전각으로 전락하였고, 범죄의 온상이 되었다는 것이다. 죄 중에서 하나님을 가장 진노케 하고 심판에 이르게 하는 심각하며 근원적인 죄가 우상숭배다. 하나님의 집인 예루살렘 성전까지 죄악의 소굴, 우상을 섬기는 전각과 같이 오염되었기 때문에 하나님의 진노와 심판을 받을 수밖에 없다는 것이다. 이렇게 사마리아로 대변되는 북 이스라엘의 죄악과 예루살렘으로 대변되는 남 유다의 죄악을 지적하고 있다.

4) 이어서 미가 1:6-7에서 사마리아에 대한 심판을 총체적으로 말씀

하고 있다. 그리고 미가 1:8-9에서는 남 유다 예루살렘에 대한 심판을 총체적으로 말씀하고 있다.

> **결론** 미가서는 설교로 구성되어 있다. 서론에서부터 결론에 이르기까지 설득의 효율성을 높이는 다양한 형태의 수사학적 특징과 설교자의 로고스와 파토스와 에토스를 보여주고 있다. 결국 청중들로 하여금 그들의 문제를 깨달아 하나님께 충성을 결단하고, 하나님을 절대적 하나님으로 고백하며 찬양하고, 하나님에 대한 소망을 갖고 믿음을 회복하게 하는 것을 목적으로 기록된 한편의 설교이다.

1) 이러한 미가서는 1:1이 표제이다. 미가 1:1의 표제에서는 크게 세 가지를 말씀하고 있다. 첫째, 미가 선지자의 시대이다. 유다의 왕들, 요담과 아하스와 히스기야 시대이다. 둘째, 미가 선지자의 출신이다. 모레셋 사람 미가이다. 출신 배경이 보잘 것 없는 미가에게 임한 여호와의 말씀이다. 셋째, 미가 선지자가 받는 묵시이다. 사마리아와 예루살렘에 관한 묵시이다.

2) 미가 1:1 표제에 이어서 미가 1:2-7에서도 크게 세 가지를 말씀하고 있다. 첫째, 미가 1:2-4에서는 하나님의 현현을 말씀하고 있다. '들을지어다'라고 하면서 주 여호와께서 증언하신다는 것이다. 성전에서 나오시고 강림하셔서 땅의 높은 곳, 그 아래를 철저하게 심판하실 것이라고 말씀하고 있다. 둘째, 미가 1:5에서는 하나님의 고발을 말씀하고 있다. 야곱의 허물과, 이스라엘 족속의 죄로 말미

암아 심판하실 것이라고 말씀하고 있다. 셋째, 미가 1:6-7에서는 하나님의 심판을 말씀하고 있다. 특별히 사마리아에 대한 철저한 심판을 말씀하고 있다.

3) 미가서는 1:1의 표제에 이어, 미가 1:2에서 '들을지어다'라고 시작하면서 미가 1:2-2:13이 하나의 큰 단락을 이루고 있다. 또 미가 3:1에서 다시 '들으라'라고 시작하면서 미가 3:1-5:15이 또 하나의 큰 단락을 이루고 있다. 그리고 미가 6:1에서 또 다시 '들을지어다'라고 시작하면서 미가 6:1-7:20이 또 하나의 큰 단락을 이루고 있다. 이것을 구조적으로 보면 다음과 같다.

　미가 1:1 표제
　미가 1:2-2:13 첫째 사이클 '들으라' – 심판과 회복(구원)
　　미가 1:2-2:11 심판
　　미가 2:12-13 구원
　미가 3:1-5:15 둘째 사이클 '들으라' – 심판과 회복(구원)
　　미가 3:1-12 심판
　　미가 4:1-5:15 구원
　미가 6:1-7:20 셋째 사이클 '들으라' – 심판과 회복(구원)
　　미가 6:1-7:6 심판
　　미가 7:7-20 구원

4) 첫째 사이클(미 1:2-2:13)을 좀 더 세분해서 보면, 미가 1:2은 '백성들아 너희는 다 들을지어다'로 시작하고, 이 절에서 이어지는 내용들은 장차임할 심판을 선포한다. 그러나 미가 2:12-13은 여호와

께서 이스라엘의 남은 자를 회복하고 인도하실 것을 말한다는 점에서 앞부분과 구별이 되고 있다. 따라서 미가 1:2-2:13은 하나의 단락으로 심판과 회복을 말씀하고 있다.

5) 그 중에 미가 1:2-5(7)은 주 여호와께서 증언하신다. 그것도 주께서 성전에서, 이제는 그의 처소에서 나오시고 강림하신다. 그러면서 무엇을 말씀하고 있는가? 제일 첫 번째, 너희는 다 들으라고 한다. 두 번째, 이는 다 죄로 말미암음이라고 한다. 모든 허물과 죄때문에 철저히 심판하신다는 것이다. 성전에서 제사를 드리는 예루살렘도 예외가 아니다.

그러므로 여호와께서 이렇게 말씀하신다. '내가 사마리아를 폐허로 만들어 포도
나무를 심을 빈 들처럼 되게 할 것이며 그 돌무더기를 골짜기에 쏟아내리고 그
지대를 드러낼 것이다.

Therefore I will make Samaria as an heap of the field, and as plantings of a
vineyard: and I will pour down the stones thereof into the valley, and I will
discover the foundations thereof.

미가 1:6

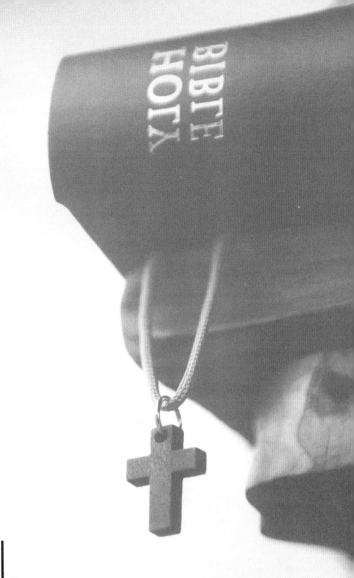

03

이러므로 내 백성

03 이러므로 내 백성

성경 : 미가 1 : 6 - 9

서론 미가서는 작은 이사야서이다. 이사야서의 축소판이다. 이사야서가 총 66장으로 구성이 되어 있다. 그래서 이사야서는 성경 66권의 축소판이라고 한다. 이러한 이사야서의 작은 축소판이 바로 미가서이다. 더욱이 놀라운 것은 이사야 선지자와 미가 선지자는 거의 동시대 선지자이다. 물론 이사야 선지자가 조금 더 앞서서 사역을 시작했다. 웃시야, 요담, 아하스, 히스기야 시대이다. 그런데 이사야는 왕실의 사관출신으로 남쪽 유다를 향해서 사역을 했다. 상류층을 중심으로 사역했다. 하지만 미가는 모레셋 사람 출신으로 북쪽 이스라엘과 남쪽 유다를 향해서 사역을 했다. 하류층을 중심으로 사역했다. 이와 비슷한 시대에 북쪽 이스라엘을 중심으로 사역을 시작한 남 유다 출신의 선지자가 호세아와 아모스이다. 그래서 미가서를 남 유다의 아모스서라고도 한다.

1) 미가서는 성경 66권 중의 정중앙 33권째이다.

미가서 앞에는 요나서이다. 요나서는 한마디로 니느웨의 구원을 말씀하고 있다. 그리고 미가서 뒤에는 나훔서이다. 나훔서는 한마디로 니느웨의 멸망을 말씀하고 있다. 하나님께서 이방인 니느웨를 구원하시고, 이러한 니느웨의 죄악에 대해 심판하고 있다. 그렇다면 선민 이스라엘은 어떻게 되는가? 북 이스라엘과 남 유다는 어떻게 되는가? 니느웨를 구원하시고, 심판하시는 하나님께서 북 이스라엘과 남 유다는 그냥 죄를 지어도 괜찮다고 하시는가? 그저 한없는 사랑과 은혜만 베풀어주시는가? 천만의 말씀이다. 죄에 대해서 철저하게 심판하시고, 회개하면 구원하여 회복시켜 주시는 하나님이심을 드러내고 있다. 회개하면 용서하시고 긍휼을 베풀어 주시는 하나님이시다. 이것을 구조적으로 보면 다음과 같다.

요나	미가	나훔
니느웨의 구원	북 이스라엘과 남 유다 심판과 구원(회복)	니느웨의 멸망

2) 미가 1:1은 표제이다.

표제에서는 세 가지를 말씀하고 있다. 첫째는 미가의 시대이다. 둘째는 미가의 출신이다. 셋째는 미가의 묵시이다. 이어서 미가 1:2을 시작하며 '들으라'고 한다. 그것도 두 번이나 반복하면서 강조하고 있다. 미가 1:2-5에서는 크게 두 가지를 말씀하고 있다. 첫째는 하나님의 현현이다(미 1:2-4). 주 여호와께서 증언하신다. 증언하시기 위해서 강림하신다. 둘째는 하나님의 고발이다(미 1:5). '허물과 죄'로 말미암아 심판하신다는 것이다. 북 이스라엘과 사마리아, 남 유다와 예루살렘을 심판하신다는 것이다.

3) 미가 1:2-5에 이어서 미가 1:6-7에서는 셋째로 하나님의 심판이다.

미가 1:5에 근거하여 미가 1:6-7에서는 북 이스라엘과 사마리아에 대한 심판이다. 그리고 미가 1:8-9에서는 남 유다와 예루살렘에 대한 심판이다. 그러면서 우리말 개역개정에서는 두 번이나 반복하면서 '이러므로'라고 한다. 물론 원문은 서로 다른 단어를 사용하고 있다. 그러나 의미는 같다. 미가 1:5이 근거가 되는 심판을 말씀하고 있다.

1. 사마리아의 심판과 그 결과이다. 내가 심판한다.

1) 미가 1:5에서 사마리아로 대변되는 북 이스라엘의 죄악과 예루살렘으로 대변되는 남 유다의 죄악을 지적하였다. '허물과 죄'로 말미암음이라고 했다. 이제 미가 1:6-7에서 북 이스라엘 사마리아에 대한 심판을 말씀하고 있다. 미가 1:6-7에서 '이러므로 내가…한다'는 것이다.

2) 미가 1:5의 3인칭 화법에서 미가 1:6은 1인칭 화법으로 전환되고 있다. 그것도 주 여호와께서 직접 화자로 나서며 사마리아의 죄악을 간과하지 않으시고, 그들을 심판하시겠다고 의지를 밝히고 있다. 주여호와께서 하신다는 것이다. 반드시 하실 것이라는 것이다.

3) 미가 1:6-7에서 말씀하는 사마리아에 대한 심판의 내용 중 첫 번째는 사마리아를 들의 무더기 같게 한다는 것이다. 두 번째는 사마리아를 포도 심을 동산 같게 한다는 것이다. 세 번째는 사마리아의

무너져 내린 돌들이 골짜기로 쏟아져 내릴 것이다. 네 번째는 사마리아의 그 새긴 우상들이 다 부서진다는 것이다. 다섯 번째는 사마리아가 모두 약탈당하고 파괴되어 없어질 것이라고 한다.

4) 실제로 북 이스라엘이 B.C. 722년에 앗수르에 의해 멸망당했을 때 사마리아 성의 모든 금은 보화는 앗수르 사람들에 의해 약탈을 당했고, 남은 것은 미가 1:6에 기록된 것처럼 불타버린 성읍과 무너진 성의 돌무더기뿐이었다. 하나님이 하시겠다면 반드시 하신다.

2. 예루살렘의 심판과 그 결과이다. 내가 애통한다.

1) 이렇게 미가 1:5에서 사마리아로 대변되는 북 이스라엘의 죄악과 예루살렘으로 대변되는 남 유다의 죄악을 지적하였다. 미가 1:6-7에서 북이스라엘 사마리아에 대한 심판을 말씀하고 있다. 이어서 미가 1:8-9에서 남 유다 예루살렘에 대한 심판을 말씀하고 있다. 예루살렘에 대한 심판을 총체적으로 말씀하고 있다.

2) 미가 1:8에서 우리말 개역개정은 미가 1:6과 같이 '이러므로'라고 동일하게 번역하고 있다. 그러나 원문은 다르다. 미가 1:6은 접속사 '와'로 연결되어 미가 1:5과 연속적으로 이어지고 있다. 그러나 미가 1:8은 '알 조트'(עַל זֹאת)란 말로 '이것 때문에', 혹은 '이로 인하여'라는 말이다. 미가 1:6-7에서는 여호와가 1인칭 주어였다. 내가 반드시 하겠다고 했다. 그러나 이제 미가 1:8에서 동일하게 1

인칭 주어를 사용하고 있지만, 여호와가 아니라, 미가 선지자 자신이다. 미가 선지자가 직접 화자, 1인칭으로 직접 나타나서 자신의 심경을 토로하고 있다. '이것 때문에'(알 조트) 미가 선지자가 애곡하고 애통한다.

3) 우리말 개역개정은 '이러므로 내가 애통하며 애곡하고 벌거벗은 몸으로 행하며…'라고 1인칭으로 말씀하고 있다. 맛소라 본문이 (MT) 그렇게 되어 있기 때문이다. 미가 선지자 자신이 애통하며 애곡하고 벌거벗은 몸으로 행하는 것으로 되어 있다. 그러나 칠십인역(LXX)은 '그녀가 맨발과 벗은 몸으로 갈 것이다'라고 번역하고 있다. 미가 선지자가 아니라, 그녀 즉 남 유다 즉 선민이스라엘 백성들이 포로로 끌려가는 모습으로 번역하고 있다(사 20:3-5). 이렇게 칠십인역은 유다 백성들이 다른 나라에 의해 포로가 되어 끌려가면서 슬피 우는 장면으로 의역을 하고 있다. 하지만 거의 모든 영역본들이 칠십인역을 따르지 않고, 맛소라 본문과 같이 1인칭 주어로 기록하고 있다.

4) 이렇게 미가 선지자는 북 이스라엘과 남 유다의 운명에 대하여 애곡하고 있다. 이러한 슬픔을 크게 두 가지로 비유하고 있다. 하나는 들개이다. 다른 하나는 타조이다. 그 이유를 미가 1:9에서 접속사 '키'를 통해서 말씀하고 있다. 그것은 그 상처는 고칠 수 없기 때문이고, 그것이 유다까지 이르기 때문이다. 하나님의 심판으로 당할 재난의 치료가 불가능하며, 또 사마리아로 끝나지 않고, 남 유다까지 이어지기 때문에 미가 선지자는 애통하며 애곡한 것이다.

결론 1:1은 표제이고, 1:2-7은 하나님의 현현, 하나님의 고발, 하나님의 심판으로 하나의 단락을 이룬다고 할 수 있다. 그러나 1:5에 근거하여 1:6-9을 하나로 생각할 수도 있다. 왜냐하면 1:6-7은 북 왕국 이스라엘과 사마리아에 대한 심판, 1:8-9은 남 왕국 유다와 예루살렘에 대한 심판의 말씀이기 때문이다. 따라서 1:6-9을 하나의 단락으로 생각할 수 있다.

1) 미가 1:1은 표제이다. 미가 1:2-4에서는 주 여호와께서 '들으라'고 하시면서 하늘 성전에서 강림하신다. 온 땅을 심판하기 위해서 임하신다. 땅의 높은 곳을 철저히 밟으시는 것이다. 그 결과 그 아래에서 산들이 녹고, 골짜기들이 갈라지게 되는 것이다. 마치 불 앞의 밀초 같고, 비탈로 쏟아지는 물 같다. 온전한 심판이 이루어지는 것이다. 그 심판의 이유는 미가 1:5에서 야곱의 허물과 이스라엘 족속의 죄로 말미암은 것이라고 말씀한다. 땅의 높은 곳을 밟으신 주 여호와께서 유다의 높은 곳, 예루살렘을 밟으실 것이라는 것이다. 교만의 극치로 심판을 당한다는 것이다. 이렇게 하늘 성전이 땅에 있는 산당과 대조를 이루면서 참된 성전과 땅의 성전이 대조를 이루고 있다. 한마디로, '허물과 죄' 때문에 심판한다는 것이다. 그것도 출애굽적 심판이 아니라, 사사기적 심판이다.

2) 미가 1:6-9에서는 이중적 심판을 선포하고 있다. 이중적 예언의 말씀을 하고 있다. 정도의 차이는 있지만, 북 왕국 이스라엘의 죄

악과 남 왕국 유다의 죄악은 유사성이 있다. 그리고 북 왕국 이스라엘을 향해 선포한 예언이 궁극적으로 미가 시대에 이루어진 것을 경험했다. 이제 두려운 현실은 남 왕국의 멸망이 남아 있을 뿐이다. 이런 이중적 예언을 감당해야 하는 미가 선지자의 고민과 고통이 애통과 애곡으로 나타나고 있다.

3) 첫째, 미가 1:6-7은 북 이스라엘, 사마리아에 대한 심판을 말씀하고 있다. '내가…한다'는 것이다. 주 여호와께서 철저히 심판한다는 것이다. 그 심판은 우상과 음행의 값, 기생의 값 때문이다. 열심히 했지만 결국 헛수고이다. 남은 것이 하나도 없다. 다 부서지고, 다 불살라지며 다 깨뜨려지고, 다 다른 사람의 손으로 넘어간다. 죽도록 고생해도, 내게 유익한 것이 하나도 없다. 왜냐하면 주 여호와 하나님께서 철저히 심판하시기 때문이다.

4) 둘째, 미가 1:8-9는 남 유다, 예루살렘에 대한 심판을 말씀하고 있다. '내가 애통하며 애곡한다'는 것이다. 미가 선지자 자신이 애통하고 애곡한다는 것이다. 왜냐하면 그 상처는 고칠 수 없고, 유다와 내 백성의 성문 곧 예루살렘에게까지 미쳤기 때문이다. 전염병처럼 급속도로 퍼져 간다. 더 이상 손을 쓸 수 없다. 마치 급속히 퍼지는 암세포와 같다. 인생의 종착역이다. 그럼에도 아직 기회는 남아 있다. 그래서 미가 선지자는 애통하고, 애곡한다.

5) 그렇게 할 이유가 어디 있는가? 그것은 바로 '내 백성의 성문'이라는 것이다. 이미 그 상처를 고칠 수 없는 지경이 되었고, 그것이 유

다까지 이르고, 예루살렘에도 미쳤다. 당연히 심판을 받고, 멸망을 받아야 한다. 전혀 하나님의 백성이 될 자격이 없다. 그럼에도 불구하고 미가 선지자는 '내 백성'이라고 한다. 이러한 것이 출애굽기 32장의 황금송아지 사건과 같다(출 32:7, 9, 11, 12, 14). '내 백성'이기 때문에 하나님 앞에 나아갈 수 있다. 내 백성이기 때문에 회개할 수 있다. 내 백성이기 때문에 회개하면 용서해 주시는 것이다.

너희는 그것을 가드에 있는 우리 적들에게 말하지 말고 그들에게 너희가 우는 것
을 보이지 말아라. 벧-아브라 사람들아, 너희는 티끌에 뒹굴어라.
Declare ye it not at Gath, weep ye not at all: in the house of Aphrah roll thyself
in the dust.
미가 1:10

04

| 주민아!

04 주민아!

성경 : 미가 1 : 10 - 16

서론 미가서 1:1은 표제이다. 이어지는 단락을 1:2-5까지, 1:2-7까지, 1:2-9까지로 각각 생각할 수 있다. 그러나 분명한 것은 하나님의 현현, 하나님의 고발, 하나님의 심판으로 하나의 단락을 이루고 있다. 그것은 1:5에 근거하여 1:6-7은 북 왕국 이스라엘과 사마리아에 대한 심판으로, 1:8-9는 남 왕국 유다와 예루살렘에 대한 심판으로 말씀하고 있기 때문이다.

1) 하지만 미가 1:8-16을 하나의 단락으로 생각할 수도 있다.

그것은 미가 1:8-16이 모두 남 유다와 예루살렘에 대한 말씀이기 때문이다. 특히 미가 1:8-9과 미가 1:16은 모두 애통과 애곡을 말씀하고 있다. 미가 1:8-9은 옷을 벗고 들개와 타조처럼 자기 몸을 거칠게 다룸으로써 이를 표현하고, 미가 1:16은 머리를 깎는 것으로 표현한다는 점에서 미가 1:8-16은 하나의 수미쌍관(inclusio)을 이루고 있다 벌거벗은 몸과 대머리라는 두 가지 이미지는 모두 포로 됨을 의미한다. 그러므로 미가 1:8-16은 예루살렘의 포로 됨으로 인한 애통이라는 틀 안에서 참담한 미래를 표현하고 있다.

2) 따라서 미가 1:8-9은 미가 1:2-7의 부분과 미가 1:10-16의 부분을 연결해 주는 다리 역할을 한다.

그래서 우리말 개역개정은 미가 1:8에 단락을 시작하는 동그라미가 있고, 이것이 미가 1:16까지 이어지고 있다. 그러면서 미가 1:10-15은 열두 군데의 장소들을 언급하면서 재앙을 말씀하고 있다. 이것을 구조적으로 보면 다음과 같다.

    A 미 1:8-9 예루살렘의 재앙으로 인해 벌거벗은 몸으로 들개와 타조같이 애통함
      미 B 1:10-15 열두 성읍에 임한 재앙
    A' 미 1:16 자녀들이 사로잡혀 감으로 인해 머리를 깎아 대머리가 되게 함

3) 그 중에 미가 1:10-15은 다시 두 부분으로 나눌 수 있다.

하나는 미가 1:10-12이다. 다른 하나는 미가 1:13-15이다. 미가 1:10-12은 유다의 성읍들이 애통하는 부분이다. 미가 1:8-9의 끝이 '키'로 시작하는 것처럼 미가 1:10-12의 끝도 '키'로 마무리 짓고 있다. 그리고 미가 1:13-15은 미가 1:10-12과 달리 미가 1:13을 명령법으로 시작함으로써 앞의 본문과 달리 새로운 단락으로 시작하고 있다.

4) 열두 군데 남 유다 성읍에 닥칠 파멸을 말씀하고 있다.

이러한 성읍에 대한 해석은 크게 세 가지가 있다. 첫째, 문학적 해석(접근)이다. 둘째, 지리적 해석(접근)이다. 셋째, 역사적 해석(접근)이다.

어느 한 견해만 취하기보다는 세 가지의 견해 모두가 다 가능하다.

1. 유다의 7개 지역 성읍이다.

1) 미가 1:10에서 제일 먼저 '가드'를 언급하고 있다. '가드'는 블레셋
   도시의 이름이다. 가드에게 절대로 알리지 말라고 한다. 도무지 울
   지 말라고 한다, 사무엘상 31:1-5과 사무엘하 1:17-20의 옛 역사
   의 반전으로서의 가드이다. '베들레아부라'는 먼지의 집, 먼지가
   많은 도시라는 것이다. 먼지의 집에 먼지를 뒤집어썼다. '사빌'은
   아름다움 즉 벗은 몸과 수치와 상반된 단어이다. 아름다움에 사는
   주민들이 발가벗겨져서 수치를 당하게 된다는 것이다(미 1:9).

2) 미가 1:11에서 '사아난'은 양떼가 머무는 우리를 의미하면서, 양떼
   들이 우리로부터 나오지 못하는 암울한 처지를 암시하고 있다. 새
   장에 갇힌 새처럼 가둠을 의미한다. '벧에셀'은 이웃의 집, 보호의
   집, 뿌리의 집으로, 의지할 것이 없어져 남은 것이라고는 애곡뿐이
   라는 것이다. 완전히 패망하여 할 수 있는 것은 털썩 주저앉아 우
   는 것 외에는 아무것도 없다.

3) 미가 1:12에서 '마롯'은 '마라'라는 의미로 본래 쓰다는 말이다(수
   15:59, 룻 1:19-20, 출 15:23). 괴로움의 성읍에 사는 주민들이 고통
   으로 말미암아 괴로워한다는 것이다. 극심한 괴로움으로 인해 하
   나님께 복을 바라지만 복을 얻지 못하는 비참한 신세가 되고 있다.

접속사 '키'로 왜냐하면… 때문이라는 것이다. 재앙이 여호와께로 말미암아 예루살렘 성문에 임하기 때문이다. '복' 즉 토라와 '재앙' 즉 라으가 서로 대조를 이루고 있다. 심판을 당하는 자들이 복을 바라지만, 정작 임하는 것은 재앙 즉 심판밖에 없다는 것이다. 이러한 심판이 하나님께로부터 비롯되었지만, 심판의 해결책도 하나님께로부터 비롯됨을 암시한다.

2. 유다의 5개 성읍이다.

1) 미가 1:13에서 '라기스'는 정복할 수 없다는 의미를 가지고 있다. 정복할 수 없는 땅이 정복될 것이라는 것이다(수 10:3, 31-33, 12:11, 15:39, 왕하 18:14, 18, 19:8, 대하 11:9, 32:9, 렘 34:7). 또한 '라기스'는 준마에 병거를 준비하라는 말인데, 이것은 쳐들어 오는 적들로부터 도망할 것을 준비하라는 것이다. 미가 1:14의 '가드 모레셋'은 가드의 소유물, 작별하는 예물로 다른 나라에 그 소유물을 빼앗기는 비극에 처하게 될 것이다.

2) 미가 1:14의 '악십'은 속임을 당할 것이라는 의미로, 거짓에 의해서 너무나도 쉽게 무너지고, 이러한 위기가 가속화될 것이라는 것이다. 미가 1:15의 '마레사'는 상속, 소유라는 의미로, 소유를 소유할 자가 이를 것이라는 의미로 반드시 적의 수중에 넘어갈 것이라는 것이다.

3) 미가 1:15에서 '아둘람'은 가나안 족속들에 속한 성읍이다(수 12:15, 15:35). 이스라엘의 영광이라 할 수 있는 아둘람까지 공격하여 함락시킨다는 것이다. 또한 아둘람은 다윗이 사울의 공격을 피해 달아나다가 은신처로 삼았던 동굴 이름이다(삼상 22:1-2, 삼하 23:13). 다윗이 숨었던 장소이다. 이스라엘이 멸망함으로써 이스라엘의 영광이 굴 속으로 들어가듯이 사라져 버릴 것이라는 것이다. 그리고 아둘람으로 피하여 갔지만 결국 하나님의 심판을 피할 수 없다는 것이다. 유다 땅에서 하나님의 심판을 피할 피난처는 그 어디에도 없다는 것이다.

> **결론** 미가서 1:1 표제에 이어 1:2을 시작하면서 '들으라'고 한다. 주 여호와께서 강림하신다는 것이다. 철저히 심판을 위해서 임하신다는 것이다. 그 심판은 1:5에서 야곱의 허물과 이스라엘 족속의 죄로 말미암은 것이라고 하신다.

1) 미가 1:6-7에서 북쪽 이스라엘, 사마리아를 '내가 심판한다'면서 철저하게 심판하신다는 것이다. 주 여호와께서 다 부수시고, 다 불사르시며, 다 깨뜨리시는 것이다. 그리고 미가 1:8-9에서 남쪽 유다, 예루살렘의 심판을 내다 보면서 '내가 애통한다'는 것이다. 미가 선지자는 미래의 심판을 보면서 애통하며 애곡하는 것이다. 그 이유는 그 상처를 고칠 수 없기 때문이다. 또 유다까지, 예루살렘에까지 미쳤기 때문이다.

2) 미가 1:10-15은 남쪽 유다의 12개 성읍에 대해서 말씀하고 있다. 남 유다의 지역을 구체적으로 말씀하시면서 심판과 애통을 말씀하고 있다. 물론 우리는 이 지역에 대해서 자세히 알 수 없다. 하지만 미가 선지자가 남 유다 지역 성읍을 통해 말씀하는 그 의미를 대충 알 수 있다. 그것도 남 유다의 도시와 성읍들 12지역을 언급하면서 파멸을 말씀하고 있다. 이제 유다의 예루살렘의 점령도 멀지 않았다는 것이다.

3) 미가 1:16에서 두 가지로 말씀하고 있다. 하나는 네 기뻐하는 자식으로 인하여, 즉 자식을 잃은 부모와 같이 큰 슬픔에 잠기게 될 것이다. 그래서 네 머리털을 깎아 대머리 같게 하라는 것이다. 감당하기 힘든 슬픔을 당한 자의 모습이다. 그 다음은 독수리 같다는 것이다. 그렇게 용맹스러운 독수리가 머리털이 없는 수치와 부끄러움을 말씀하고 있다. 그 이유는 그들이 사로잡혀 너를 떠났기 때문이다. 포로로 끌려가는 비극적 상황을 말씀하고 있다.

4) 이러한 사실을 통해서 하나님께서는 자기 백성이라고 해서, 죄를 묵인하시는 법이 없다. 내 백성(미 1:9), 딸 시온(미 1:13), 이스라엘의 영광(미 1:15)이 심판에서 제외되는 것은 절대로 아니다. 과거 애굽 왕바로가 하나님을 대적하고 하나님께 끝내 불순종함으로 그 나라, 그 땅에 재앙이 내리고 심지어 그 자녀까지 죽음에 넘겨줘야 했던 것을 기억해야 한다. 그런데 바로 그와 같은 일이 선민들 가운데 이루어진다는 것이다. 하나님께서는 공의로우셔서 자기 백성이라도, 범죄하면 엄히 심판하신다.

밤에 일어나 악한 일을 계획하고 날이 밝으면 그것을 실행하는 권력자들에게 화가
있을 것이다.

Woe to them that devise iniquity, and work evil upon their beds! when the
morning is light, they practise it, because it is in the power of their hand.

미가 2:1

05

화 있을진저

05 화 있을진저

성경 : 미가 2 : 1 - 5

> **서론** 미가서 1:1은 표제이다. 1:2을 시작하면서 '들으라'고 한
> 다. 그리고 3:1에서 다시 '들으라'로 시작하고 있다. 따라
> 서 1:2-2:13은 하나의 큰 단락이다.

1) 미가 1:2-2:13은 다시 크게 두 부분으로 나눌 수 있다.

   하나는 미가 1:2-2:11로 심판이 핵심이다. 다른 하나는 2:12-13로
   구원(회복)이 핵심이다. 긴 심판과 짧은 구원에 대해서 말씀하고 있
   다. 심판과 구원(회복)에 대해서 말씀하고 있다.

2) 미가서는 심판 자체에 목적이 있는 것이 아니라, 결국 심판을 통
   해서 회개하게 하고, 회개를 통한 구원, 회복에 중점을 두고 있는
   것이다.

3) 우리말 개역개정은 미가 1:8에 단락을 시작하는 동그라미가 있다.

   이것이 미가 1:16까지 이어지고 있다. 미가 1:8-16이 하나의 단락
   을 이루고 있다. 그 중에 미가 1:10-15은 예루살렘을 포함하여 12
   개 성읍에 대해서 말씀하고 있다. 그것도 미가 1:10과 미가 1:15에
   서 맨 처음과 맨 마지막에 모두 다윗과 연결되어 있는 '가드'와 '아

둘람'을 말씀하면서 다윗 왕국의 멸망을 암시하고 있다. 특별히 미가 1:16에서는 기뻐하는 자식을 잃은 슬픔과 통곡, 용맹이 사라진 초라해진 독수리같이 바벨론의 포로로 사로잡혀갈 것을 말씀하고 있다.

4) 미가 2:1을 시작하면서 우리말 개역개정과 달리 원문은 '화 있을 진저'라는 말씀을 제일 먼저 기록하고 있다.

'호이'(הוי)라는 감탄사 즉 화 있을진저로 시작하고 있다. 북쪽 이스라엘과 남쪽 유다에 닥쳐올 하나님의 무서운 심판을 암시하고 있다. 미가 2:1-11의 내용을 포괄적으로 함축하는 도입부라고 할 수 있다.

5) 이렇게 미가 2:1-5은 아주 짧막한 재앙 선언인 '망한다'(הוי, 시 2:1)로 시작하여 비난(시 2:1-2)과 '그러므로'(לכן, 시 2:3, 5)로 맺어지는 결론(시 2:3-5)으로 이어지는 전형적인 재앙 선언 양식을 따르고 있다(사 30:1-5, 암 6:1-7).

1. 그들이 악(=재앙)을 꾸밈(=계획)이다.

1) 미가 2:1-2에서 공동번역은 '망할 것', '악당들'이라고 한 것을 개역개정은 '그들'이라고 한다. 그들은 누구인가? 1장에서 말씀한 북

이스라엘과 남 유다이다. 내 백성(미 1:9), 주민들, 딸 시온(미 1:13)이라고 할 수 있다. 한마디로 선민들이다. 특별히 부자들과 지도자들이다. 이들은 침상에서도 죄를 꾀한다는 것이다. 표준새번역은 '잠자리에 누워서도 음모를 꾸미는 자들'이라고 번역하고 있다.

2) 사람들이 악을 행하게 되는 과정을 점점 더 강도를 높여 묘사하고 있다. 3개의 동사를 통해 점층적 구조를 가진다. 첫째, '죄를 꾀하며'라고 한다. 둘째, '악을 꾸미고'라고 한다. 셋째, '그것을 행하는 자'라고 한다. 그리고 나서 '날이 밝으면 그 손에 힘이 있다'고 한다. 침상과 대구를 이루는 말로 '날이 밝으면'이라고 한다. 날이 새자마자 악행을 실천하였다는 것이다. 악의 계획을 행동으로 옮겼다.

3) 그러면서 부유한 자들의 악행이 무엇인지 구체적으로 밝히고 있다. 자신의 손의 힘, 권력을 악용하여 백성들에게 행하는 악행을 고발하고 있다. 첫째, '밭들을 탐하여 빼앗고'라고 한다. 둘째, '집들을 탐하여 차지하니'라고 한다. 셋째, '그들이 남자와 그의 집과 사람과 그의 산업을 강탈하도다'라고 한다. 그것도 점층적으로 그 악행이 점점 더 심해져 가고 있다.

2. 여호와께서 재앙을 계획함이다.

1) 미가 2:1-2에서 선민 특히 부유한 자들의 죄악에 대해 말씀하고 있다. 이제 미가 2:3-5에서는 그들의 사회적 악행에 대한 하나님

의 심판 계획을 말씀하고 있다. 부유한 자들의 악한 계획을 묘사한 미가 2:1a과 그들의 악행에 대한 하나님의 대처 계획을 다루는 미가 2:3a은 서로 병행을 이루는 유사한 표현으로 되어 있다. 악인들이 약한 자들을 압제하고 탐욕을 채우고자 악한 계획을 도모하는 바로 그 시점에 하나님께서 진노하시며 그들 악인들에 대해 심판을 계획하고 계심을 선명하게 강조하고 있다.

2:1a에서 A 화 있을진저(호이), B 꾀하고 있다(호쉐베), C 악을(라으)
2:3a에서 A' 보라 네가(하느니), B' 꾀하고 있다(호쉐브), C' 재앙을(라아)

2) 이로써 가장 먼저 인간의 죄악과 그것으로 말미암은 하나님의 심판의 인과 관계를 강조하고 있다. 하나님은 뿌린 대로 거두게 하시며 공의대로 범사를 처결하시기에 이는 너무나도 자명한 것이라 할 수 있다. 인간이 아무리 악한 계획을 세워 자기의 부와 형통을 도모하며 자기 삶의 지경을 넓히고 자기 삶의 자리를 굳게 세우려 한다 해도 그 부당한 계획은 한 차원 높은 하나님의 계획에 의해 보응을 받을 수밖에 없다는 사실이다.

3) 이어서 그들에게 내려질 구체적인 심판을 말씀하고 있다. 미가 2:3에서 '너희 목이 이에서 벗어나지 못할 것이요'라고 한다. 또 '교만하게 다니지 못할 것이라'고 한다. 한마디로 이방 나라에 포로로 끌려갈 것이라는데 초점이 있다. 하지만 미가 2:4에서는 다른 나라의 조롱을 받게 될 것이라는 것에 초점이 있다. 그러면서 미가 2:4에서 그들이 망하게 되는 이유는 하나님께서 선민의 산업

을 이방인들에게 모두 빼앗기도록 하였기 때문이다. 또 하나님께서 선민의 부유한 자들로부터 빼앗은 밭을 침략자들에게 나누어 주신다는 것이다.

4) 미가 2:5을 '그러므로'(라켄)로 시작하고 있다. 이 말씀은 미가 2:3에서도 사용되었다. '그러므로'(라켄 코)라고 하면서 '그러므로 이같이 여호와가 말씀하셨다'는 것이다. 미가 2:4에서 기업의 박탈을 선언하고, 미가 2:5에서 기업을 다시는 수여하지 않을 것을 강조하고 있다. 앞으로도 기업을 받지 못할 것이라는 것이다. 제비를 뽑아 분깃을 정한 뒤에 그 분깃대로 정확히 나누어 줄 자가 아무도 없다는 것이다.

> **결론** 미가 1:1 표제에 이어 미가 1:2-16은 주 여호와께서 하늘 성전, 그의 처소에서 나오시고 강림하신다. 심판하시기 위해서 강림하신다. 무엇 때문에 심판하시는가? '허물과 죄' 때문이다. 누구를 심판하시는가? '북 이스라엘과 사마리아' 그리고 '남 유다와 예루살렘'이다.

1) 이제 2장에서는 왜 그러한 심판이 이루어지는지 구체적으로 말씀하고 있다. 아주 구체적으로 현재의 실상을 말씀하면서 심판을 말씀하고 있다. 그것도 '화 있을진저'라고 말씀하고 있다.

2) 따라서 미가 2:1-5은 크게 두 부분으로 나누어질 수 있다. 하나는 미가 2:1-2이다. 그들 즉 선민, 부유한 자들에 대한 심판이다. 그

들이 악을 계획하고, 악한 행동으로 밭을 탐하게 된다. 선민들의
죄악된 실상을 말씀하고 있다. 다른 하나는 미가 2:3-5이다. 하나
님께서 심판하신다. 하나님께서 재앙을 계획하시고, 하나님의 행
동이 밭을 빼앗고, 망하게 한다.

3) 하나님의 심판과 죄악 사이를 연결하는 것이 '그러므로'(미 2:3, 5)
이다. 그래서 미가 2:1-2에서 밭과 관련된 선민 즉 부유한 자들의
탐욕을 말씀하고 있다면, 미가 2:3-5은 하나님께서 그들로 하여금
밭을 잃게 할 것이라는 말씀이다. 이것을 구조적으로 보면 다음과
같다.

> A 미 2:1 부유한 자들이 '악'(라으)을 계획함(하샤브)
> 　B 미 2:2 부유한 자들의 악한 행동 : 밭을 탐함
> A' 미 2:3 하나님께서 '재앙'(라아)을 계획함(하샤브)
> 　B' 미 2:4-5 하나님의 행동 : 밭을 뺏음(사데), 망하게 함(샤드)

4) 미가 2:4-5에서 관심을 가져야 할 말씀은 '내 백성의 산업'이라고
한다. 그리고 '여호와의 회중'이라고 한다. 하나님께서 베푸신 구
원의 은혜와 그로 말미암은 특권들을 마땅히 지켜야 할 예배와 순
종의 삶을 철저히 포기하고 죄악의 길을 택하여 그릇 행하면 아무
리 선민이라고 할지라도 모두가 한사람처럼 파멸을 당하고 이방인
들에게 철저히 짓밟힘을 당할 것임을 강조하고 있다. 특별히 하나
님의 언약의 명령을 파기하고 약자들을 억압하고 착취하는 부유한
자들에 대한 하나님의 심판의 말씀을 선포하고 있다. 부유한 자들
의 탐심과 강탈 행위의 죄를 지적하시면서, 그 죄에 대한 하나님의

심판을 말씀하고 있다. 그대로 보응해 주신다는 것이다. 부메랑이 되게 하신다는 것이다. 탐욕을 부린 그들이 행한대로 그대로 갚아 주신다는 것이다. 그것도 알거지가 되게 하신다는 것이다. 그러므로 하나님의 말씀에 순종하여 화를 받지 않고 복 받는 자로 살아야 한다.

사람들은 나에게 이런 말을 하고 있다. '너는 예언하지 말아라. 이런 것은 예언할 것이 못 된다. 하나님이 우리를 수치스럽게 하지 않으실 것이다.

Prophesy ye not, say they to them that prophesy: they shall not prophesy to them, that they shall not take shame.

미가 2:6

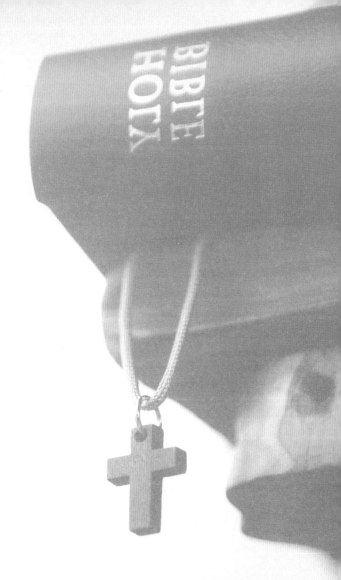

06

예언 / 반드시 멸하리니
그 멸망이 크리라

01 예언 / 반드시 멸하리니 그 멸망이 크리라

성경 : 미가 2 : 6 - 11

> **서론** 미가서의 전체 구조는 다양하다. 먼저 미가서를 크게 두 부분으로 나눌 수 있다. 미가 1:2과 미가 6:1의 공통점에 주의하여 1-5장과 6-7장으로 구분한다.

1) 또한 미가서를 크게 세 부분으로 나눌 수 있다.

4-5장이 확연히 구분되기 때문에 1-3장과 4-5장과 6-7장으로 나누기도 한다. 미가 1:1-3:13은 심판과 회복, 미가 4:1-5:15은 회복, 미가 6:1-7:20은 심판과 회복의 구조라는 것이다. 이러한 구조의 장점은 4-5장이 미가서 전체의 중심이라는 사실을 강조하고 있다. 세 개의 단락 모두에 회복이 있다는 사실을 강조하고 있다.

2) 그리고 미가 1:2에서 '들으라'(שִׁמְעוּ)로 시작하고 있다.

또한 미가 3:1에서 다시 '들으라'(שִׁמְעוּ)로 시작하고 있다. 그리고 미가 6:1에서도 '들으라'(שִׁמְעוּ)로 시작하고 있다. 이렇게 미가서를 '들으라'(שִׁמְעוּ)로 시작하는 것을 중심으로 크게 세 부분으로 나누기도 한다. 1-2장과 3-5장과 6-7장이다. 미가 1:1의 표제에 이어 미가 1:2-2:11은 심판이다. 미가 2:12-13은 구원이다. 또한 미가 3:1-12

은 심판이고 미가 4:1-5:15은 구원이다. 그리고 미가 6:1-7:6은 심판이다. 미가 7:7-20은 구원이다. 이러한 심판과 구원의 신탁 내용을 형성하는 중요한 개념이 함께 있다는 것이다.

3) 또 1-3장을 심판으로, 4-5장을 구원으로, 미가 6:1-7:6을 심판으로, 미가 7:8-20을 구원으로 이렇게 네 부분으로 구분하기도 하고, 이것 외에도 다양한 구분들이 있다.

4) 미가서 미가 1:1은 표제이다.

미가 1:1에 이어서 미가 1:2-2:13은 하나의 큰 단락을 이루고 있다. 미가 1:2-2:13은 다시 크게 두 부분으로 이루어져 있다. 하나는 미가 1:2-2:11이다. 심판에 대해서 말씀하고 있다. 다른 하나는 미가 2:12-13이다. 구원(회복)에 대해서 말씀하고 있다. 그래서 이 부분을 긴 심판과 짧은 구원(회복)이라고 할 수 있다. '심판에서 구원으로'이다.

5) 미가 2:1-5에서 '화 있을진저'라고 하면서 멸망할 수 밖에 없는 이유를 좀 더 구체적으로 말씀하고 있다.

심판 받을 수밖에 없는 이유는 바로 탐욕을 부리는 것 때문이다. 그 행동 중심에 탐심이 있다. 빼앗고, 차지하고, 강탈한다. 그 결과 여호와께서 재앙을 계획하신다. 온전히 망하게 되었다. 하나님은 악행을 저지른 그대로 갚아주신다. 부메랑이 되고 있다.

6) 미가 2:6-11은 2:6에서 '예언'으로 시작하여 미가 2:11에서 '예
언'으로 끝을 맺으면서 서로 수미쌍관(inclusio)을 이루고 있다.

'예언'을 둘러싸고 '너희'가 하는 예언과 '그들'이 하는 예언이 서로
대조를 이루고 있다. 미가 2:1-5에서 부한 자들과 하나님과의 갈등,
대립이었다면, 이제 미가 2:6-11에서 '그들'과 '너희'의 갈등, 대립이
다. 하나님과의 수직적 관계에서 이제 사람과의 수평적 관계로 변화
되고 있다.

1. 너희는 예언하지 말라.

1) 미가 2:6은 이해하기 매우 어려운 말씀이다. '그들'이 누구인가?
분명히 '너희'와 다르다. 미가 2:1의 그들과 같은 자들이다. 망할
짓을 하는 자들이다. 화 있을진저라고 하는 악당들이다. 거짓 예언
자들이다. '너희'는 미가 선지자를 비롯한 참된 선지자들이다. 참
된 선지자들이 하는 말씀을 거짓 선지자들은 '이것은 예언할 것이
아니라'는 것이다. 부정어 '로'를 사용하여 절대로 예언해서는 안
된다는 것이다.

2) 그렇다면 '이것'은 무엇인가? 미가 2:1-5이다. 좁게는 미가 2:3-5
의 '재앙의 때'이다. 온전히 망하게 된다는 것이다. 여호와의 회중
에서 분깃을 받을 자가 하나도 없게 된다는 것이다.

3) 미가 2:7 역시 해석하기 난감한 구절이다. '너희 야곱의 족속아'라

고 하면서 세 개의 수사 의문문을 사용하고 있다. '그렇느냐…그렇느냐…그렇지 않느냐'의 구조이다. 앞의 긍정 의문문 2개에서는 심판이 없을 것이라고 생각하는 사람들의 어리석은 생각이 잘못되었음을 반복하고 있다. 그리고 부정 의문문 1개에서는 하나님께서 행하시는 심판이 의로운 것이 될 것이며 의를 행하는 자에게 유익한 것이 될 것임을 강조하고 있다.

4) 이렇게 앞의 두 문장에서는 하나님이 3인칭으로, 마지막 문장에서는 1인칭으로 기록되어 있다. 서로 말하는 주체가 달라졌다. 사랑이 많으신 하나님께서 정말 공의만으로 심판하시겠느냐는 것이다. 말도 안되는 소리라는 것이다. 그러나 하나님의 심판은 반드시 있다는 것이다. 그리고 더 나아가서 하나님께서는 정직한 자에게는 유익한 것이 될 것을 강조하고 있다. 미가 2:3과 미가 2:7이 서로 대조를 이루고 있다. 악인이 걸어감과 대조하여 하나님과 동행하는 길, 정직과 함께 걸어가는 길을 말씀하고 있다(미 3:9, 6:8).

2. 네게 예언하리라.

1) 미가 2:8을 시작하면서 우리말 개역개정은 번역하지 않았지만, 원문에는 접속사 '와우'가 있다. '그러나'라는 말씀이다. 미가 2:6-8에서 종교적인 사례에 대한 심판을 말씀하고 있다. 그것도 미가 2:7에서 하나님은 정직하게 행하는 자에게 유익을 주시는 분이라는 것이

다. 그러나 그와 대조적으로 선민들의 죄악된 태도를 지적하고 있다. 미가 2:1-2에서 사회적인 것, 미가 2:6-7에서 종교적인 것, 이제 미가 2:8-9에서 비인도적인 악행의 사례를 말씀하고 있다.

2) 우리말 개역개정은 '근래에'라고 번역하지만, '전에, 전부터'라고 번역하는 것이 더 좋을 것 같다. 선민들이 이러한 죄를 지은 것이 어제의 일이 아니라, 오래 전부터 계속 있어 왔던 일이라는 것이다. 과거부터 지금까지 계속되어 온 악행을 고발하고 있다. 내 백성이 원수 같다는 것이다. 이방 나라들과 별반 다를 바 없이, 하나님을 대적하는 자리에 서 있다는 것이다.

3) 그것도 첫째, 선민들이 전쟁을 피하여 평안을 찾아가는 사람들의 의복에서 겉옷을 벗기는 악행을 저질렀다는 것이다. 둘째, 부녀자들과 어린아이들에게 저지르는 악행에 대해 지적하고 있다. 셋째, 선민으로 누려야 할 축복의 영광을 영원히 빼앗아 갔다는 것이다.

4) 그래서 미가 2:10-11에서는 이러한 종교적, 비인도적 악행에 대한 하나님의 심판과 경고가 주어지고 있다. 너희가 안식할 곳이 아니기 때문에 일어나 떠나라는 것이다. 이미 더러워졌기 때문이다. 그런 즉 반드시 멸하리니 그 멸망이 크리라는 것이다. 그러면서 거짓 선지자는 거짓말로 포도주와 독주의 풍요로운 삶이 계속될 것이라고 축복에 대해서만 예언한다는 것이다. 참된 선지자가 전하는 말씀을 믿지 않고, 거짓 선지자들의 예언을 믿는 완악한 죄악을 지적하고 있다.

결론 미가 2:1을 시작하면서 '화 있을진저'라고 한다. 공동번역은 좀 더 구체적으로 '망할 자들, 악당들아'라고 한다. 그러면서 이들이 행한 행동에 대해서 구체적으로 크게 세 가지로 말씀하고 있다. 첫째, 미가 2:1-2에서 사회적인 악행에 대해서 말씀하고 있다. 둘째, 미가 2:6-7에서 종교적인 악행에 대해서 말씀하고 있다. 셋째, 미가 2:8-9에서 비인도적인 악행에 대해서 말씀하고 있다.

1) 미가 2:6과 미가 2:11에서 '예언'이라는 말씀이 우리말 개역개정에는 3번이나 강조되고 있다. 그러나 원문은 4번이나 강조하고 있다. "그들이 (예언하는 사람들에게) 말하기를 '너희는 예언하지 말라, 이것은 예언할 것이 아니다.'"(미 2:6) "네게 예언하리라"(미 2:11) 거짓 선지자들은 참된 선지자들에게 예언을 하지 말라고 한다(참고 미 3:5). 그러면서 거짓 선지자들이 백성들에게 '예언을 하리라'라고 말씀한다. 이렇게 예언을 강조하고 있다. 이것을 구조적으로 보면 다음과 같다.

  A 미 2:6-7 거짓 선지자들의 말 – 너희는 예언하지 말라
   B 미 2:8-9 불의한 백성들이 일어남 : 옷, 집, 상속(나의 영광)을 뺏음
   B' 미 2:10 불의한 백성들이 일어나 떠나게 됨 : 옷, 집, 땅을
      뺏기고 멸망
  A' 미 2:11 거짓 선지자들의 예언 – 네게 예언하리라

2) 거짓 선지자들은 참된 선지자들에게 백성들이 듣기 싫어하는 경고와 심판과 재앙 그리고 저주에 대한 설교를 하지 말라는 것이다. 그리고 백성들은 거짓 선지자들에게 듣기 좋은 평안과 행복과 축복 그리고 위로에 대한 설교를 해달라는 것이다. 이제는 딱딱하고 듣기 거북한 그런 설교는 그만하고, 우리를 좀 위로해 주는 그런 설교를 해달라는 것이다.

3) 거짓 선지자들은 사람들이 듣기에 달콤한 말을 한다. 하지만 결국 그릇되게 인도한다. 회개의 길을 막아 버린다(렘 23:16-23, 겔 13:1-23, 암 7:10-17). 하지만 참된 선지자는 사람들이 듣기 거북한 말을 한다. 하지만 결국 참된 길을 가도록 인도한다. 회개하도록 촉구한다. 그래서 우리는 하나님의 말씀을 잘 분별하여 순종하는 것이 복된 길임을 알아야 한다. 참된 선지자의 말씀에 순종하여 하나님의 길, 하나님이 원하시는 삶을 사는 것이 구원과 승리의 길인 것이다.

이스라엘 백성들아, 내가 너희 남은 자들을 반드시 모을 것이다. 목자가 양떼를
우리로 모으듯이 내가 너희를 모으겠다. 목장에 양떼가 가득한 것처럼 너희 땅은
수많은 사람들로 다시 붐빌 것이다.

I will surely assemble, O Jacob, all of thee; I will surely gather the remnant of
Israel; I will put them together as the sheep of Bozrah, as the flock in the midst
of their fold: they shall make great noise by reason of the multitude of men.

미가 2:12

07

이스라엘의 남은 자

> **서론** 미가서 1:1의 표제에 이어서 미가 1:2-2:13은 하나의 큰 단락을 이루고 있다. 미가 1:2-2:13은 다시 크게 두 부분으로 이루어져 있다. 하나는 미가 1:2-2:11까지 이다. 심판에 대해서 말씀하고 있다. 다른 하나는 미가 2:12-13까지이다. 구원(회복)에 대해서 말씀하고 있다. 긴 심판과 짧은 구원(회복)이다. '심판에서 구원으로'라고 할 수 있다.

1) 이렇게 심판 단락인 미가 1:2-2:11을 시작하면서 미가 1:2에서 '들으라'고 한다.

첫째, 하나님의 현현이다. 누가 심판을 시행하는가? 심판의 주체이다. 둘째, 하나님의 고발이다. 무엇 때문에 심판을 시행하는가? 심판의 원인이다. 셋째, 하나님의 심판이다. 누가 심판을 받는가? 심판의 대상이다.

2) 미가 1:6-16에서는 다시 두 부분으로 나누어지고 있다.

하나는 미가 1:6-7이다. 북쪽 이스라엘, 사마리아를 심판하신다는 것이다. '내가 심판한다'는 것이다. 다른 하나는 미가 1:8-12이다.

남쪽 유다와 예루살렘을 심판하신다는 것이다. 그 심판 때문에 미가 선지자는 통곡하면서 애통하고 애곡한다. 그것도 12개 성읍에 임하는 재앙으로 결국 바벨론에 포로로 잡혀간다는 것이다. 이 부분을 구조적으로 보면 다음과 같다.

A 미 1:8-9 벌거벗은 몸 - 애통함

　B 미 1:10-15 12개 성읍에 임한 재앙

A' 미 1:16 사로잡혀 감 - 대머리

3) 미가 2:1-5에서 '화 있을진저'라고 하면서 멸망할 수밖에 없는 이유를 좀 더 구체적으로 말씀하고 있다.

심판 받을 수밖에 없는 이유는 바로 그 손에 힘이 있으므로, 탐욕을 부리는 것이다. 이것을 구조적으로 보면 다음과 같다.

A 미 2:1 부유한 자들이 '악'(라으)을 계획함(하샤브)

　B 미 2:2 부유한 자들의 악한 행동 : 밭을 탐함

A' 미 2:3 하나님께서 '재앙'(라아)을 계획함(하샤브)

　B' 미 2:4-5 하나님의 행동 : 밭을 뺏음(사데), 망하게 함(샤드)

4) 미가 2:6에서 '예언하다'로 시작하여 미가 2:11에서 '예언하다'라는 말씀으로 끝을 맺으면서 서로 수미쌍관(inclusio)을 이루고 있다.

예언을 둘러싸고 거짓 선지자들이 하는 말 즉 예언과 미가 선지자가 하는 말 즉 예언이 서로 대조를 이루고 있다. 이렇게 미가 2:6-

11은 '예언'이라는 말씀을 중심으로 전체를 한 덩어리로 묶어 주고 있다. 이것을 구조적으로 보면 다음과 같다.

A 미 2:6-7a 거짓 선지자들의 말 - 너희는 예언하지 말라
　B 미 2:7b-10 참된 선지자들의 예언 - 반드시 멸하리라 그 멸망
　　이 크리라
A' 미 2:11 거짓 선지자들의 예언 - 네게 예언하리라

5) 미가 1:2-2:13을 한 덩어리로 보는 이러한 구조에서 가장 중요한 핵심은 미가 2:12-13이다. 갑자기 분위기가 확 바뀌어 미래의 구원을 말씀하면서 이스라엘의 남은 자가 돌아올 것을 예언하고 있다.

이런 갑작스런 분위기 때문에 어떤 학자는 이 구절을 거짓 선지자들의 허망된 말로 치부해 버리기도 한다. 더 나아가서 어떤 학자는 이 구절은 희망의 메시지가 아니라, 심판의 메시지라고 한다. 하나님께서 친히 자신의 백성을 모아서 심판하실 것이라는 내용을 담고 있다는 것이다.

6) 또 다른 문제는 이 구절에서 이스라엘의 남은 자에 대한 것이다.

어떤 학자는 산헤립의 침공 시에 하나님께서 유다의 남은 자를 구원할 것이라는 사실을 가리킨다고 해석하기도 한다. 산헤립 사건을 기록하고 있는 이사야 미가 37:32의 말씀과 매우 흡사하다는 것이다(사 37:32, 왕하 19:31). 물론 가능한 해석이다. 하지만 4-5장에서

남은 자가 바벨론에서 구원을 받게 될 것이라고 하기 때문에 문맥상 맞지 않는다. 이러한 미가서의 예언에 비추어 볼 때 이 구절은 바벨론 포로기에 있는 사람들이 구원을 얻게 된다는 소망의 말씀으로 보는 것이 더 신빙성이 있다고 볼 수 있다.

7) 그렇지만 이것도 문제가 된다.

실제로 바벨론에서 유다 공동체가 돌아올 때 이들이 남은 자가 되어 하나님이 그들을 왕으로 통치하신 것이 아니기 때문이다. 그렇다면 어떻게 보아야 하는가? 어떻게 이해해야 하는가? 이것은 궁극적으로 종말에 하나님이 자신의 고난 받은 백성을 구원하여 남은 자로 삼는 것을 예언하는 내용이라고 할 수 있다. 실제로 미가서 5:2-3은 종말에 메시아를 통해 남은 자가 돌아올 것을 말씀하고 있기 때문이다. 결국 바벨론의 포로 귀환은 다시 종말의 때에 하나님이 메시아를 통해서 남은 자를 모으실 것이라는 예표적 기능을 하고 있기 때문이다.

8) 미가 2:12-13은 미가 3:1에서 '우두머리'(שאר, 로쉬)들에 대한 심판을 말씀하기 전에 잠시 미래의 소망을 언급하면서 종말에는 하나님이 남은 자의 선두(שאר, 로쉬)가 되실 것을 말씀하고 있다.

그러므로 '로쉬'(שאר)라는 연결어를 사용하여 미가 2:12-13이 미가 3:1과 아주 자연스럽게 연결되고 있다. 그래서 미가 2:12-13을 구조적으로 보면 다음과 같다.

A 미 2:12a 여호와 하나님이 남은 자를 모으실 것

  B 미 2:12b 여호와 하나님이 남은 자에게 초장의 양떼처럼 안전
을 제공할 것

A' 미 2:13a 여호와 하나님이 남은 자를 인도하실 것

  B' 미 2:13b 여호와 하나님이 남은 자에게 왕이 되어 통치하실 것

1. 남은 자를 모으신다.

1) 지금까지는 선민의 죄악과 심판에 대해서 강하게 말씀했다. 그것
도 미가 1:2-2:11까지 아주 길게 말씀했다. 죄악에 대해서 회개하
라는 의미가 이 속에 담겨져 있다. 그러나 이제 미가 2:12-13에서
비록 짧은 두 절이지만 장차 하나님께서 이스라엘의 남은 자들을
모으실 것과 그들을 인도하여 귀환시킬 것이라는 긍정의 약속이
주어지고 있다.

2) 미가 2:12에서 '이스라엘의 남은 자를 모으시겠다'고 한다. 개역개
정은 '내가 반드시 모을 것이다'라고 두 번이나 반복하고 있다. '내
가'라는 말씀을 통해서 하나님께서 불러 모으시겠다는 것이다. 반
드시 모으시겠다고 강조하고 있다. '아싸프'와 '카바츠'의 차이점
과 공통점이 있다.

3) 그럼 하나님께서 누구를 불러 모으시는가? 먼저 '야곱아'라고 한
다(미 1:5, 2:7). 그 다음은 '이스라엘의 남은 자'이다(미 1:5, 14, 15).

어디로 불러 모으시는가? 우리말 개역개정은 '그들을 한 처소에 두기를'이라고 한다. 어떻게 하시겠다고 하는가? '보스라의 양떼 같이 하며 초장의 양떼같이 하리라'고 한다. 우리말 개역개정은 모두 양떼라는 말씀으로 동일하게 사용하고 있지만, 원문은 서로 다른 단어를 사용하고 있다. 한 번은 '촌'(נֶאד) 다른 한 번은 '에데 르'(עֵדֶר)이다.

4) 한 번은 풍성한 목초지인 보스라와 관련하여 짐승의 떼에만 사용하는 '촌'이라는 단어를 사용하고, 다른 한 번은 이스라엘 백성을 은유하는 '에데르'라는 단어를 사용하고 있다. 하나님께서 이스라엘의 남은 자들의 목자가 되셔서 그들의 삶을 바르게 인도해 주실 것이라는 것이다. 이러한 하나님의 인도와 축복 속에서 구원 받은 이스라엘의 남은 자, 즉 선민들이 크게 번성하여 사람들로 떠들썩하게 된다는 것이다.

2. 남은 자를 인도하신다.

1) 미가 2:12에서 '초장의 양떼같이 하리니'라는 말씀은 이스라엘의 남은 자의 목자가 되셔서 그들을 인도하시고, 먹이시고, 번성케 하시겠다는 것이다. 이제 이러한 사실을 좀 더 구체적으로 미가 2:13에서 말씀하고 있다. 한 마디로 하나님께서 앞서 인도하심을 통하여 이스라엘의 남은 자를 무사히 귀환하게 하신다는 것이다. 또한

여호와 하나님께서 그들의 왕으로 그들을 보호하시고, 인도하신다는 말씀이다.

2) 미가 2:12에서는 여호와께서 친히 1인칭으로 말씀하시지만, 미가 2:13에서는 여호와가 3인칭으로 기록되어 미가가 여호와에 관해서 말씀하고 있다. 여기서 '길을 여는 자'라고 할 때 '열다'라는 말은 아이가 태어날 때 태를 열고 어머니의 자궁에서 나오는 것을 나타내는 말이다(창 38:29). 또 성을 헌다고 할 때(왕하 14:13), 부정한 이스라엘 백성들을 향해 돌격하시는 하나님의 행동을 묘사할 때(출 19:22)에도 사용되고 있다. 새 창조를 위해서, 새로운 가나안을 위해서, 새로운 출애굽을 위해서, 새로운 출바벨론을 위해서, 새로운 삶을 위해서 하나님께서 앞장 서서 길을 여시는 것이다.

3) 사실 원문은 여는 자가 아니라, 깨는 자이다. 문맥상 성문을 깨는 자이다. 이것은 과거 이스라엘 백성들이 출애굽 이후 여호수아의 영도로 가나안 정복 전쟁을 벌일 때 하나님께서 앞서 나가 싸우셔서 대적의 성을 취한 사건들을 연상케 하고 있다. 사람들이 자유를 잃고 마치 성문 안에 갇혀 있는 사람처럼 속박 받는 상황에서 여호와께서 성문의 속박을 깨부수고 그 속에 갇혀 있는 사람들을 구원해 낼 것이라는 은유적인 표현이다.

4) 길을 여는 자가 그들 앞에 올라가고, 그들은 그 길을 열어 성문에 이르러서는 그리로 나가는데, 그들 혼자 스스로 가는 것이 아니라, 그 길을 여는 자와 함께 그리로 나아간다는 것이다. 그들 앞에

왕이신 여호와께서 선두가 되어 친히 지나가실 것이다. 우리말 개역개정은 '왕과 여호와'가 마치 서로 다른 대상인 것처럼 번역하고 있다. 더욱이 표준 새번역은 두 주어를 '그들의 왕'과 '나의 주'라고 각각 인칭을 달리 번역해 더 곤란하게 하고 있다. 하지만 공동 번역은 '저희의 임금 야훼'와 '야훼'로 번역해 동일한 대상임을 분명히 하고 있다. 여호와께서 직접 왕이 되셔서 앞서가며, 선두로 가신다는 것이다. 우두머리가 되어 가신다는 것이다.

> **결론** 미가 1:1 표제에 이어서 미가 1:2-2:13은 하나의 큰 단락을 이루고 있다. 크게 두 부분으로 나눌 수 있다. 하나는 미가 1:2-2:11이다. 심판에 대해서 말씀하고 있다. 다른 하나는 미가 2:12-13이다. 구원(회복)에 대해서 말씀하고 있다. 긴 심판과 짧은 구원이다. 심판에서 구원으로이다.

1) 2장은 크게 세 부분으로 나누어져 있다. 첫째, 부유한 자들의 죄악과 하나님의 응답이다(미 2:1-5). 둘째, 선지자들의 죄악과 하나님의 응답이다(미 2:6-11). 셋째, 하나님을 의지하는 미래의 남은 자들의 모습이다(미 2:12-13).

2) 2장은 미가 2:1-5에서 심판, 미가 2:6-11에서 논쟁, 미가 2:12-13에서 구원으로 이루어져 있다. 이렇게 2장은 비슷한 단어들이 의도적으로 반복되어 있다. 여호와 하나님의 명령에 대한 불순종이 얼마나 가증한 일인지를 수사학적으로 아주 잘 보여주고 있다. 그러한 죄악에 대한 하나님의 심판은 아주 분명하다. 또한 하나님

을 의지하는 자들에 대한 구원도 아주 분명하다. 2장을 전체적, 구조적으로 보면 다음과 같다.

A 미 2:1 악(라으)를 꾀하는 자를 향한 화
  B 미 2:2 백성들의 악한 행동 : 밭, 집, 사람을 억압함
    C 미 2:3-5 아이러니를 통한 하나님의 재앙(라아) : 밭을 패역자들에게 줄 것임
      D 미 2:6-7 하나님의 신정론 : 무엇이 선(토브)인가?
  B 미 2:8-9 악한 자들의 행동 : 의복, 집, 사람을 탄압
    C' 미 2:10-11 아이러니를 통한 하나님의 심판 : 안식의 땅을 떠나라
A' 미 2:12-13 미래에 남은 자를 향한 축복

3) 지난날에는 힘이 있는 이들이 힘 없는 이들을 억압하고 착취했다. 탐욕을 부리면서 밭들을 빼앗고 집들을 차지하고, 그의 산업을 강탈했다. 더 나아가서 의복에서 겉옷을 벗기고, 즐거운 집에서 쫓아내고 나의 영광을 영원히 빼앗아갔다. 그러나 이제 미가 2:12에서 하나님이 행하시는 공동체에서 그들은 보스라의 양 떼같이, 초장의 양 떼처럼 함께 하나님의 인도를 받을 것이라는 것이다. 그들 가운데 왕은 앞장서서 길을 여는 자로 행할 것이다. 그들의 왕이 앞장설 것이다. 선두에 여호와께서 이끌어 가실 것이다.

4) 이렇게 양떼를 모으고 인도하실 분은 평범한 분이 아니다. 2:13에서는 세 가지 표현으로 말씀하고 있다. 첫째, 그는 길을 여는 자이다. 둘째, 그는 왕이다. 셋째, 그는 여호와이다. 그분을 따라 이스라엘의 남은 자로 앞으로, 앞으로 나아가면 된다.

이스라엘의 지도자들아, 들어라! 너희는 정의를 실현해야 할 사람들이 아니냐?
And I said, Hear, I pray you, O heads of Jacob, and ye princes of the house of
Israel; Is it not for you to know judgment?
미가 3:1

08

내가 또 이르노니 '들으라'

내가 또 이르노니 '들으라'

성경 : 미가 3 : 1 - 4

미가서의 구조는 아주 다양하고 쉽지 않다. 첫째, 미가서를 크게 두 부분으로 나누는 이중적 구조이다. 미가 1:2과 미가 6:1의 공통점에 주의하여, 1-5장과 6-7장으로 구분하는 것이다.

1) 둘째, 미가서를 크게 세 부분으로 나누는 삼중적 구조이다.

1-3장, 4-5장, 6-7장이다. 그 이유는 4-5장이 확연히 구분되기 때문이다. 1-3장에는 야곱과 이스라엘이 나란히 사용되고 있는데 반해 4장 이후에는 단 한 번도 두 표현이 평행이 되어 사용되지 않기 때문이다.

2) 셋째, 미가서를 크게 세 부분으로 나누는 다른 견해이다.

미가 1:2, 미가 3:1, 미가 6:1은 각각 '들으라'(שמעו)로 시작하고 있다. 이렇게 미가서를 '들으라'(שמעו)로 시작하는 장을 중심으로 크게 세 부분으로 나누면, 첫째, 1-2장이다. 둘째, 3-5장이다. 셋째, 6-7장이다.

3) 미가 1:1의 표제에 이어 미가 1:2-2:11은 심판이다.

미가 2:12-13은 구원이다. 미가 3:1-12은 심판이다. 미가 4:1-5:15
은 구원이다. 미가 6:1-7:6은 심판이다. 미가 7:7-20은 구원이다.
이들 모든 예언은 각각 전반부에는 선민의 범죄 지적이나 심판 예
언 등의 부정적 내용이 나오고, 후반부에는 구원과 회복의 예언 및
메시아의 도래 예언과 같은 긍정적 내용이 나오는 형식으로 되어
있다. 이것을 간단히 구조적으로 요약하면 다음과 같다.

　　표제(미 1:1)
　　A 첫 번째 사이클 1. 심판(미 1:2-2:11)
　　　　　　　　　 2. 구원(미 2:12-13)
　　B 두 번째 사이클 1. 심판(미 3:1-12)
　　　　　　　　　 2. 구원(미 4:1-5:15)
　　C 세 번째 사이클 1. 심판(미 6:1-7:7)
　　　　　　　　　 2. 구원(미 7:8-20)

4) 미가 1:2-2:13을 3장과 연결시켜 생각하면 아주 간단하게 다음
과 같은 구조로 볼 수 있다.

　　A 미 1:2-2:11 심판이다.
　　　B 미 2:12-13 구원이다.
　　A' 미 3:1-12 심판이다.

5) 미가 1:2-2:13은 첫 번째 사이클 단락을 이루고 있다.

미가 3:1-5:15은 두 번째 사이클 단락을 이루고 있다. 미가 3:1-
5:15도 크게 두 부분으로 나눌 수 있다. 하나는 심판이다(미 3:1-
12). 또 다른 하나는 구원이다(미 4:1-5:15). 그러나 첫 번째 사이클
단락이 '긴 심판과 짧은 구원'인 것과는 다르게 두 번째 사이클 단락
은 '짧은 심판과 긴 구원'으로 이루어져 있다. 그러나 첫 번째 사이
클과 두 번째 사이클은 동일하게 구성되어 있다. 심판에서 구원을
향하고 있다는 것이다. 심판이 중심이 아니라, 구원에 강조점을 두
고 있다는 사실이다. 한마디로 '심판에서 구원으로'라고 할 수 있다.

1. 누가 들어가야 하는가?

1) 미가 1:2은 '들으라'로 시작했다. 이제 미가 3:1에서 우리말 개역
개정은 '들으라'를 중간에 놓고 번역하고 있다. 그러나 원문상에서
는 '그리고 내가 이르노니 청컨대 들으라…'(וָאֹמַר שִׁמְעוּ נָא)고 한다.
그리고 내가 말한다는 것이다. 말하는 행위를 강조하고 있다. 또한
들으라고 하면서 듣는 행위를 강조하고 있다.

2) 들어야 할 대상이 누구인가? 야곱의 우두머리들과 이스라엘 족속
의 통치자들에게 말씀하고 있다(미 1:5, 13-15, 2:7-9). 별개의 대
상이 아니라, 동일한 대상이다. 한 마디로 선민의 지도자이다. 좁
게 보면 예루살렘 성전의 심판과 멸망이 선언된다는 점에서 남 유
다 지도자들이다.

3) 들어야 할 내용이 무엇인가? 첫째, 미가 3:1에서 정의를 상실했다는 것이다. 직무 유기의 죄이다. 둘째, 미가 3:2a에서 선을 미워했다는 것이다. 악을 기뻐하는 죄이다. 법을 폐한 죄이다. 셋째, 미가 3:2b에서 가죽을 벗기는 것이다. 권력 남용의 죄이다. 가난한 자들을 학대한 죄이다. 미가 2:12-13의 양의 목자와 길을 여는 자와 완전히 반대이다.

4) 이러한 악행을 누구에게 행하고 있는가? '내 백성의 가죽', '그들의 살'이다. 착취의 대상이 자신들이 돌봐야 할 자기 백성이라는 것이다, 그것도 이러한 악행을 무엇 때문에 행하고 있는가? 그것은 자기의 이기적인 목적이다. '냄비와 솥 가운데 담을 고기처럼 한다'는 것이다.

2. 무엇을(왜) 들어야 하는가?

1) 이렇게 미가 3:1-3은 한마디로 선민 지도자들의 악행을 말씀하고 있다. 백성들에게 행한 무자비한 수탈과 죄악을 지적하고 있다. 이러한 죄악의 지적을 들으라는 것이다. 그리고 나서 이제 미가 3:4에서 하나님께서 선민 지도자들에게 내릴 심판을 말씀하고 있다. 미가 3:3의 '그들의 살을 먹으며'에서 '그들'은 '나의 백성'이다. 그러나 미가 3:4의 '그들은'은 미가 3:1의 '야곱의 우두머리들과 이스라엘 족속의 통치자'들을 가리키는 것이다. 미가 3:2의 '너희'를

가리키는 것이다. 한마디로 미가 3:1-3의 악행을 행하는 선민의
지도자들을 가리키는 것이다.

2) 물론 미가 3:4의 주어가 분명하지 않다. 그러나 어느 정도 드러내
고 있다. 여기서 '그 때에'는 미가 2:4의 '그 때에'와 같은 의미이
다. 하나님께서 재앙을 내리시는 때를 말한다. 주인이 목동들을 고
용하여 양을 치게 했는데, 이 목동들이 양을 치기는커녕 오히려 이
처럼 학대하고 잡아먹고 있다면, 그들에게 양을 맡긴 주인은 어떻
게 하겠는가? 심판이 임하는 날, 하나님께서 절대로 용서하지 않
으실 것이다. 하나님께서 반드시 심판하실 것이다.

3) 그럼 하나님께서 행하시는 심판은 무엇인가? 크게 두 가지이다.
첫째, 미가 3:4a에서 듣지 않는다는 것이다. 그들이 부르짖을 때
귀를 막고 있다는 것이다. 둘째, 미가 3:4b에서 얼굴을 가리신다
는 것이다. 행위가 악했던 만큼 그렇게 하겠다는 것이다. 하나님의
자비와 은혜를 베풀지 않고, 진노를 쏟아 부으시겠다는 것이다. 미
가 2:12-13과 대조를 보이고 있다.

> **결론** 성경 전체는 모두 66권이다. 그 중심이 바로 33권째인
> 미가서이다. 미가서는 성경 전체의 권의 중심이다. 미가
> 는 이사야와 비슷한 시대에 활동한 선지자이다. 이사야
> 서는 성경 전체 권수와 같은 66장으로 되어 있는데, 성
> 경 전체의 핵심을 말씀하고 있는 이사야서를 요약해 놓
> 은 것이 미가서라고 할 수 있다. 또한 미가서는 소선지서

의 중심이기도 하다. 12 소선지서의 중심이 바로 여섯 번째 미가서이다. 미가서 앞의 요나서와 뒤의 나훔서에서 이방인 니느웨의 구원과 니느웨의 멸망에 대해서 말씀하고 있다. 이것을 도표로 보면 다음과 같다.

요나	미가	나훔
니느웨의 구원	북 이스라엘과 남 유다(심판과 구원)	니느웨의 멸망

1) 미가서 1:1은 표제이다. 이어서 미가 1:2-2:13은 하나의 큰 단락이다. 여기에서는 크게 두 가지를 말씀하고 있다. 하나는 미가 1:2-2:11의 심판이다. 그리고 다른 하나는 미가 2:12-13의 구원이다. 그래서 이 부분을 '긴 심판과 짧은 구원'이라고 했다. '심판에서 구원으로' 향하고 있다. 심판이 목적이 아니라, 구원에 있다고 했다. 이러한 첫 번째 사이클을 3장과 연결시켜 생각해 보면 다음과 같은 구조로 생각할 수 있다.

　A 미 1:2-2:11 심판이다.
　　B 미 2:12-13 구원이다.
　A' 미 3:1-12 심판이다.

2) 이러한 구조 속에서 가장 중요한 핵심은 바로 중심부 미가 2:12-13이다. 미가 2:12-13은 바로 심판과 심판 사이에 놓여 있다. 심판과 심판 사이에 누가 구원을 받을 수 있는가? 누구를 모으시는가? '내가 반드시 모으신다'고 했는데, 누구를 어디로 모으신다고 하는가? 바로 이스라엘의 남은 자를 한 처소, 한 우리의 양떼, 초장

의 양떼에게로 모으신다고 했다. 또한 심판과 심판 사이에 누가 인도하시는가? 바로 '길을 여는 자'이다. 그들에 앞서 가는 '왕'이다. 선두로 가시는 '여호와'(주)이다. 남은 자를 바로 메시아 되신 예수 그리스도께서 친히 목자가 되어 인도하신다는 것이다.

3) 미가 3:1-5:15은 두 번째 큰 단락이다. 이 부분도 크게 두 부분으로 되어 있다. 하나는 미가 3:1-12의 심판이다. 그리고 다른 하나는 미가 4:1-5:15의 구원이다. 이 부분을 '짧은 심판 긴 구원'이라고 할 수 있다. 첫 번째 단락(미 1:2-2:13)과 반대로 되어 있다. 역순서이다. 두 번째 사이클 역시 심판에 목적이 있는 것이 아니라, 심판을 통한 구원에 목적이 있다. '심판에서 구원으로' 향하고 있다. 심판이 핵심이 아니라, 구원이 핵심이다. 이 부분을 구조적으로 보면 다음과 같다.

　A 미 3:1-12 이스라엘의 부패한 지도자들
　　B 미 4:1-8 예루살렘의 회복과 영화
　　B' 미 4:9-5:9 예루살렘의 고통과 궁극적인 회복
　A' 미 5:10-15 이스라엘의 정화와 열방 심판

4) 미가 3:1을 시작하면서 '내가 또 이르노니'라고 시작하면서 '들으라'라고 한다(미 1:2). 누구에게 들으라고 하는가? 이제 '야곱의 우두머리들과 이스라엘 족속의 통치자들'을 향해서 말씀하고 있다. 2장에서는 '그 손에 힘이 있는 자' 즉 사회적으로 부한 자들과 권력자들을 향해 말씀했다(미 2:1). 또한 '그들'과 '너희'라고 하면서

종교적 지도자, 거짓 선지자와 참된 선지자를 향해 말씀했다(미 2:6). 이제는 선민 정치 지도자들을 향해 '들으라'고 한다.

5) 그러면서 선민 정치 지도자들의 죄와 악행을 지적하고 있다. 미가 3:1-3에서 크게 세 가지 죄를 지적하고 있다. 첫째, 직무 유기의 죄이다. 둘째, 법을 폐한 죄이다. 셋째, 권력 남용의 죄이다. 그리고 미가 3:4에서는 하나님의 심판을 말씀하고 있다. 그 심판은 크게 두 가지이다. 첫째, 응답하지 않는다는 것이다. 둘째, 얼굴을 가리시겠다는 것이다. 가장 비참하게 그냥 유기하시겠다는 것이다(롬 1:24, 26, 28).

거짓 예언자들아, 너희는 여호와의 백성을 잘못된 길로 인도하고 있다. 너희에게 먹을 것을 주는 자들에게는 너희가 평안을 말해 주고 먹을 것을 주지 않는 자들에게는 좋지 못한 말로 위협하고 있다. 그러므로 이런 거짓 예언자들에게 여호와께서 말씀하신다.

Thus saith the Lord concerning the prophets that make my people err, that bite with their teeth, and cry, Peace; and he that putteth not into their mouths, they even prepare war against him.

미가 3:5

09

여호와께서 이르시되

09 여호와께서 이르시되

성경 : 미가 3 : 5 - 8

서론 미가서 3장은 '내가 또 이르노니'라고 하면서 하나님께서 미가 선지자를 통해서 말씀하고 있다. '야곱의 우두머리들과 이스라엘 족속의 통치자들'에게 말씀하고 있다. 정치 지도자들에게 말씀하고 있다. 그 당시 이스라엘 정치 지도자들이 부패하는 데는 무엇보다 하나님을 두려워하지 않는 것이 한몫했다. 정치 지도자들의 가장 큰 문제는 영적 타락이다. 그들의 잘못된 신앙생활에서 모든 문제가 시작되는 것이다. 미가 선지자는 부패한 정치 지도자들을 맹렬하게 비난하고 있다. 물론 그들은 회개하지 않는다. 회개하고 하나님께 돌아오기에는 너무 멀리 가버렸던 것이다. 이렇게 미가 3:1-4은 '악하다'는 말로 시작하고 끝을 맺고 있다(미 3:2, 4).

1) 미가 3:1-4은 미가 3:1에서 '야곱의 우두머리들과 이스라엘 족속의 통치자들아 들으라'라고 했다.

그리고 미가 3:9에서 '야곱 족속의 우두머리들과 이스라엘 족속의 통치자들은 이 말을 들을지어다'라고 한다. 그 사이 중심부에 미가 3:5-8의 말씀이 있다.

2) 미가 3:1-4의 정치 지도자들에게서 이제 미가 3:5-8의 종교 지
도자들에게로 전환되고 있다.

또한 미가 3:5에서 '여호와께서 이르시되', 미가 3:8에서 '여호와의
영으로 말미암아'라고 하면서 '여호와'로 하나의 단락을 이루고 있
다. 이렇게 미가 3:5-8에서는 거짓 선지자들과 참 선지자 미가의 모
습이 서로 대조를 이루고 있다.

3) 따라서 미가 3:5-8은 크게 둘로 나누어 볼 수 있다.

미가 3:5-7은 거짓 선지자에 대해서, 미가 3:8은 참 선지자에 대해
서 말씀하고 있다. '여호와께서 이르시되' 즉 '여호와께서 이처럼 말
씀하신다'라고 하는 사자의 공식구이다. 거짓 선지자들에 대한 죄
의 고발(미 3:5)과 죄의 형벌(미 3:6-7)에 대해서 말씀하고 있다. 그
리고 참된 선지자들의 자격과 사명(미 3:8)에 대해서 말씀하고 있다.
그래서 3장을 구조적으로 보면 다음과 같다.

A 미 3:1-4 정치 지도자들에 대한 비난(타락과 심판)
B 미 3:5-8 거짓 선지자들과 대조되는 미가
A' 미 3:9-12 권력 기구들에 대한 비난(타락과 심판)

1. 내 백성을 유혹하는 거짓 선지자들이다.

1) 미가 3:5에서 우리말 개역개정은 '여호와께서 이르시되'(יְהוָה אָמַר

ㄲ)라는 말씀이 맨 뒤에 있지만, 원문은 제일 앞에 있다. 여호와께서 이같이 말씀했다는 것이다. 누구에게 말씀하셨는가? 누구에 대해서 말하는가? '내 백성을 유혹하는 선지자'에 대해서 말했다는 것이다. 여기 '내 백성을 유혹하는 선지자'란 물질에 마음이 동요하며, 비틀거리며, 자신이 길을 잃어 버리면서, 남을 속이는 행동을 하는 선지자들을 말한다. 한마디로 물질에 눈이 멀어 수단과 방법을 가리지 않고 자기의 사리 사욕을 취하기 위해서 백성을 유혹하는 선지자들이다. 그것도 다른 사람이 아니라, '내 백성'에게 그렇게 한다.

2) 뭔가 자신의 이득을 취할 것이 있는 자를 유혹하기 위하여 평강을 외치고 있다. 이빨에 무엇을 물고 있으면서, 평강을 외치는 것이다. 무언가 채워 줄 수 있는 자에게 축복을 선언하고 있다. 그러나 반대로 무엇을 채워주지 아니하는 자에게는 전쟁을 준비한다는 것이다. 백성들이 자기의 사리 사욕을 채워주지 않으면, 자신을 위해서 물질을 바치지 않으면 전쟁이 있을 것이라고 위기감을 조성하여 헌물을 바치게 해, 그것을 가로채고 있다.

3) 이런 내 백성을 유혹하는 선지자들에 대한 하나님의 심판이 선언되고 있다. 첫째, 밤을 만나게 된다는 것이다. 그리고 이어서 어둠을 만나게 된다는 것이다. 둘째, 해가 져서 낮이 캄캄할 것이라는 것이다. 비참하고 처절한 삶의 자리에 이를 것이라는 것이다. 셋째, 다 입술을 가리게 된다는 것이다. 누가 봐도 명명백백한 저주를 당하여 거짓됨이 백일하에 드러나게 됨으로 부끄러워하고 수

치를 당하게 된다는 것이다. 이러한 이유는 우리말 개역개정에는 접속사가 없지만, 원문에는 접속사 '키'가 있어 하나님이 응답하지 않기 때문이라는 것이다(미 3:7, 3:4).

2. 오직 나는 여호와의 영으로 말미암은 참된 선지자이다.

1) 미가 3:8은 우리말 개역개정에도 어느 정도 접속사의 의미가 있지만, 원문에는 아주 분명하게 접속사 '와우'(ⅰ)가 있어서 미가 3:5-7과 대조를 이루고 있다. 그러니까 미가 3:5-7에서 내 백성을 유혹하는 선지자, 선견자, 술객과 같은 거짓 선지자들의 거짓 행태를 말씀했다. 이런 일을 자행하는 거짓 선지자들에게 하나님의 심판이 있을 것을 말씀했다. 이제 3:8에서는 이러한 거짓 선지자들과 대조되는 하나님의 참 선지자 미가 자신에 대해서 말씀하고 있다. '그러나 오직 나는'(אֹלֶם אָנֹכִי)이라고 하면서 자신의 예언에 대해서 말씀하고 있다. '오직'은 '참으로'라는 의미로 미가 선지자의 진실된 사명 의식을 강조하고 있다.

2) 그러면서 두 가지를 강조하고 있다. 첫째, 하나님의 영으로 충만해졌다는 것이다. '여호와의 영'으로 말미암아 이러한 사명을 감당한다는 것이다. 그 중에 3가지를 강조하고 있다. 첫째로 능력이다. 둘째로 정의이다. 셋째로 용기이다.

3) 둘째, 그들에게 보이리라고 한다. 죄악을 드러내고, 죄악을 지적

하는 사역을 가리키고 있다. 그러면서 '야곱의 허물과 이스라엘의 죄'라고 한다(미 1:5, 2:7, 12, 8, 9, 3:1). 야곱과 이스라엘을 동일한 대상으로 두 번이나 강조하고 있다. 야곱의 허물과 이스라엘의 죄를 그대로 드러내는 사명을 감당한다는 것이다.

> **결론** 미가서 1:1 표제에 이어서 미가 1:2-2:13은 하나의 큰 단락이다. 이 부분은 크게 두 부분으로 나눌 수 있다. 하나는 미가 1:2-2:11이다. 심판이다. 다른 하나는 미가 2:12-13이다. 구원이다. '긴 심판과 짧은 구원'이다.

1) 미가 3:1-5:15은 또 하나의 큰 단락이다. 이 부분도 역시 크게 두 부분으로 나눌 수 있다. 하나는 미가 3:1-12이다. 심판이다. 다른 하나는 미가 4:1-5:15이다. 구원이다. '짧은 심판과 긴 구원'이다.

2) 이러한 구분이 가능한 것은 미가 1:2을 시작하면서 '들으라'라고 하고, 미가 3:1을 시작하면서도 다시 '들으라'라고 말씀하기 때문이다. 단지 미가 1:2과 차이가 있다면 미가 3:1에서는 '내가 또 이르노니' 즉 '내가 다시 말한다'라는 말씀이 더 첨가되면서, '들으라'라고 한다. 그러면서 2장의 경제적 상황에서 이제 3장의 정치적 상황으로 전환되고 있다.

3) 미가 3:1을 시작하면서 '내가 또 이르노니…들으라…'라고 한다. 누가 들어야 하는가? '야곱의 우두머리들과 이스라엘 족속의 통치자들'이다. 즉 정치 지도자들이 들어야 한다. 들어야 할 내용이 무

엇인가? 첫째로 정의를 알지 못한다는 것이다. 둘째로 선을 미워하고 악을 기뻐한다는 것이다. 셋째로 짐승보다 더 악한 짓을 한다는 것이다. 그럼 왜 반드시 들어야 하는가? 하나님께서 내리실 심판을 들어야 한다는 것이다. 그 심판의 내용은 첫째로 응답하지 않는다는 것이다. 둘째로 얼굴을 가리신다는 것이다. 행위가 악했던 만큼 그대로 심판하시겠다는 것이다.

4) 미가 3:1-4에서 정치 지도자들에게 '내가 또 이르노니…들으라…'고 했다. 이제 미가 3:5-8에서 종교 지도자들에게 '…여호와께서 이르시되…'라고 한다. 종교 지도자들은 크게 두 부류가 있다. 하나는 내 백성을 유혹하는 선지자가 있다. 거짓 선지자들이다. 또하나는 미가와 같은 참된 선지자들이다(미 2:6-11). 거짓 선지자와 참된 선지자는 구별되는 차이가 있다(마 7:20, 24, 26). 다음과 같이 정리할 수 있다.

거짓 선지자	참된 선지자
자기 심령을 따라 예언한다.	성령을 통하여 말씀한다.
확신이 없다.	확신을 가진다.
사명이 없고, 응답이 없다.	확실한 사명을 가지고, 정의를 증거한다.
다수이다. 열매가 없다.	소수이다. 열매가 있다.

정의를 미워하고 불의를 일삼는 이스라엘의 지도자들아, 들어라.
Hear this, I pray you, ye heads of the house of Jacob, and princes of the house
of Israel, that abhor judgment, and pervert all equity.

미가 3:9

10

이 말을 들을지어다

10 이 말을 들을지어다

성경 : 미가 3 : 9-12

> **서론** 미가서 3장은 2장과 아주 밀접하게 연결되어 있다. 2장
> 의 경제적 상황이 3장의 정치적 상황으로 전환되고 있
> 다. 특별히 미가 2:6-11에서 참된 선지자와 구별되는 거
> 짓 선지자들의 죄악에 대해서 강조했다. 이와 비슷하게
> 미가 3:5-8에서 '내 백성을 유혹하는 선지자들'인 거짓 선
> 지자들과 구별되는 참된 선지자들에 대해서 말씀했다. 정
> 치적 상황(미 3:1-4)에서 종교적 상황으로 전환되고 있다.

1) 미가 3:1에서 '야곱의 우두머리들과 이스라엘 족속의 통치자들
아 들으라'라고 한다.

그리고 미가 3:9에서 다시 '야곱 족속의 우두머리들과 이스라엘 족
속의 통치자들아 이 말을 들을지어다'라고 한다. 그 사이 중심부에
미가 3:5-8의 말씀이 있다. 미가 3:5-8은 3:5에서 '여호와께서 이
르시되', 미가 3:8에서 '여호와의 영으로 말미암아'라고 하면서 '여
호와'로 하나의 단락을 이루고 있다. 이렇게 미가 3:5-8에서는 거짓
선지자들과 참 선지자 미가의 모습이 서로 대조를 이루고 있다.

2) 미가 3:9을 시작하면서 '내가 원하노니 이 말을 들지어다'(זֹאת נָא שִׁמְעוּ)라고 한다.

물론 우리말 개역개정은 이 말씀이 맨 뒤에 있지만, 원문은 맨 앞에 있다. 이 말씀은 미가 3:1의 '내가 또 이르노니…들으라…'(נָא שִׁמְעוּ וָאֹמַר)라는 말씀과 같이 '나'(נָא)라는 불변사를 사용하여 듣기 싫어도 이 말만은 반드시 들어야 한다는 것을 강조하고 있다. 미가 3:1에서는 '와오마르' 즉 '내가 말한다'(וָאֹמַר)는 것을 강조했다. 그러나 미가 3:9에서는 '조트'(זֹאת)를 강조하면서, 이것만은 꼭 들어야 한다는 것이다.

3) 따라서 3장의 전체를 구조적으로 보면 다음과 같다.

A 미 3:1-4 정치 지도자들에 대한 비난(타락과 심판)

  B 미 3:5-8 선지자들과 대조되는 미가(거짓 선지자와 참된 선지자)

A' 미 3:9-12 권력 기구들에 대한 비난(타락과 심판)

1. 정치, 종교 지도자들의 악행과 심판을 고발한다. 누가 들어야 하는가?

1) 미가 3:9에서 '내가 원하노니 이 말을 들을지어다'라고 한다. 먼저 누가 들어야 하는가? '야곱 족속의 우두머리들과 이스라엘 족속의 통치자들'이다(미 3:1). 그러나 미가 3:1과 미가 3:9은 차이가 있다.

그것은 미가 3:9이 미가 3:8과 아주 밀접하게 연결되어 있다. 3:8 에서 참된 선지자 미가는 '야곱의 허물과 이스라엘의 죄'라고 한 다. 이 말씀이 그대로 미가 3:9에서 '야곱 족속의 우두머리들과 이 스라엘 족속의 통치자들'로 연결된다. 야곱의 허물이라는 말씀이 야곱 족속의 우두머리라는 말씀으로, 또 이스라엘의 죄라는 말씀 이 이스라엘 족속의 통치자들이라는 말씀으로 서로 대구를 이루 고 있다. 이것을 구조적으로 보면 다음과 같다.

3:8b	3:9a
A 야곱의 B 허물과 C 이스라엘의 D 죄	A' 야곱 족속의 B' 우두머리들 C' 이스라엘 족속의 D' 통치자들

2) 미가 3:8에서 야곱의 허물과 이스라엘의 죄를 구체적으로 밝히지 않고, 그냥 그들의 허물과 죄를 드러낼 것이라고만 말했다. 이제 미가 3:9에서는 그들의 허물과 죄를 행한 자가 누구인지 구체적 으로 밝히고 있다. 바로 야곱 족속의 우두머리들과 이스라엘 족속 의 통치자들이라는 것이다. 한마디로 정치 지도자들이라는 것이 다. 그 허물과 죄를 저지른 자들이 바로 정치 지도자들이라는 사실 을 밝히면서 앞으로 이루어질 이스라엘에 대한 심판과 그로 말미 암은 멸망의 책임이 모두 그들에게 있음을 강조하고 있다. 그러면 서 정치 지도자들의 죄악의 두 가지를 지적하고 있다. 첫째, 정의 를 미워한다고 한다. 둘째, 정직한 것을 굽게 한다는 것이다.

3) 그러면 무엇을 들어야 한다는 것인가? 미가 3:11에서 정치 지도자들뿐만 아니라, 종교 지도자들까지도 어떤 잘못을 저질렀는지를 말씀하고 있다. 첫째, 우두머리들이 뇌물을 위하여 재판했다는 것이다. 둘째, 제사장이 삯을 위하여 교훈했다는 것이다. 셋째, 선지자들은 돈을 위하여 점을 친다는 것이다. 선민 종교 지도자들은 자신의 영역에서 온갖 죄악을 행하면서도 자기들이 하나님을 섬기고 있기 때문에 하나님께서 심판하지 않는다는 것이다.

4) 그런데 자세히 보면 서로 대구를 이루는 세 단어로 구성되어 있다. 첫째, '계시지 아니하니'와 '아니하리라'는 말씀이다. '할로'와 '로'가 대구를 이루고 있다. 둘째, '여호와'와 '재앙'이라는 말씀이다. '야웨'와 '라아'가 대구를 이루고 있다. 셋째, '우리 중에'와 '우리에게'라는 말씀이다. '빼키르빼누'와 '알레누'가 대구를 이루고 있다. 종교 지도자들은 여호와 하나님께서 우리 중에 계시기 때문에 절대로 우리에게 재앙이, 심판이 임하지 않을 것이라는 것이다. 참으로 역겨울 지경이다.

2. 예루살렘 성전의 심판과 멸망을 선언하고 있다. 무슨 내용을 들어야 하는가?

1) 미가 3:9에서 '내가 원하노니 이 말을 들을지어다'라고 했다. 그럼 무엇을 들으라는 것인가? 미가 3:10에서 "시온을 피로, 예루살

렘을 죄악으로 건축하는도다"라고 한다. 여기 '건축하는도다'라는 말씀은 분사형으로 건축한 자라고 번역할 수 있다. 그것도 단수형이다. 분명히 지도자들은 복수인데, 여기는 단수이다. 따라서 특정한 한 사람만 가리키는 것으로 보기보다는 선민의 지도자들을 한 통속으로 보기 때문이다. 또한 '건축하는도다'라는 말씀은 단순히 짓는다는 의미도 있지만, 쌓는다는 의미로도 이해할 수 있다. 마치 집을 짓듯이 하나 하나 쌓아가고 있다는 것이다.

2) 그럼 무엇을 건축하고, 쌓아가고 있는가? 바로 시온을 피로, 예루살렘을 죄악으로 건축하며, 쌓아가고 있다는 것이다. 시온과 피, 예루살렘과 죄악이 서로 동의적 대구를 이루고 있다. 시온을 피로, 예루살렘을 죄악으로 쌓으면서도 말하기를 여호와께서 우리중에 계시기 때문에 우리는 절대로 재앙이나, 심판을 받지 않는다는 것이다(미 2:7).

3) 그러나 미가 3:12에서 시온을 피로, 예루살렘을 죄악으로 건축한 그 결과에 대해서 들어야 한다. 그 심판이 어떠하다고 하는가? 크게 세 가지를 말씀하고 있다. 첫째, 시온은 갈아엎은 밭이 된다고 한다. 둘째, 예루살렘이 무더기가 된다고 한다. 셋째, 성전의 산이 수풀의 높은 곳이 된다고 한다. 정치 지도자와 종교 지도자들의 불의와 죄악이 한 나라의 흥망성쇠에 중대한 영향을 미치게 된다. 정의를 미워하고 불의를 행하면 그 나라가 멸망하는 데에 결정적 원인이 된다. 그러므로 올바른 지도자의 중요성을 깨닫게 된다.

결론 3장은 1-2장과 아주 밀접하게 연결되어 있다. 미가 1:2에서 성전 그리고 미가 1:3에서 높은 곳을 말씀하면서 미가 3:12에서 성전의 산과 높은 곳을 말씀하고 있다. 또 미가 1:6에서 들의 무더기를 말씀하면서 미가 3:12에서 예루살렘 무더기를 말씀하고 있다. 서로 수미쌍관 (inclusio)을 이루고 있다. 뿐만 아니라, 야곱과 이스라엘이라는 말씀이 미가 2:5, 미가 2:7, 12, 미가 3:1, 9 등에서 계속 나타나고 있다. 그러나 4장 이후에는 단 한 번도 두 표현이 평행이 되어 사용되지 않는다.

1) 따라서 1-3장을 서로 연결하고 미가 2:12-13을 그 중심으로 보는 것이다. '심판 속에 구원'을 중심으로 보는 것이다. 이것을 구조적으로 보면 다음과 같다.

  A 미 1:2-2:11 심판이다.
   B 미 2:12-13 구원이다.
  A' 미 3:1-12 심판이다.

2) 이렇게 미가 2:12-13은 바로 심판과 심판 사이에 놓여 있다. 그래서 미가 2:12-13은 크게 두 가지를 말씀하고 있다. 첫째, 이러한 심판과 심판 사이에 누가 구원을 받을 수 있는가? 누가 살아남을 수 있는가? 누구를 모으시는가? 한마디로 하나님께서 '내가 반드시 모으신다'고 한다. 그리고 하나님께서 누구를 어디로 모으신다고 하는가? 바로 이스라엘의 남은 자를 한 처소, 한 우리의 양떼,

초장의 양떼에게로 모으신다고 했다. 둘째, 이러한 심판과 심판 사이에 누가 인도하는가? 누가 성 안으로 인도하여 들일 수 있는가? 메시아적 세 가지 표현을 사용하고 있다. 첫째로, '길을 여는 자'이다. 둘째로, 그들 앞서 가는 '왕'이다. 셋째, 선두로 가시는 '여호와께서'(주)이다. 바로 이스라엘의 남은 자를 장차 메시아 되신 예수 그리스도께서 친히 목자가 되어 인도하신다는 것이다. 이렇게 하면서 첫 번째 단락을 끝맺었다.

3) 또 다른 하나는 미가 3:1-12을 중심으로 보는 것이다. '구원 속에 심판'을 중심으로 보는 것이다. 3장을 4-5장과 연결해 보는 것이다. 이것을 구조적으로 보면 다음과 같다.

> A 미 2:12-13 구원이다(짧은 구원).
> B 미 3:1-12 심판이다.
> A' 미 4:1-5:15 구원이다(긴 구원).

4) 미가 3:1과 미가 3:9은 서로 밀접하게 연결되어 있다. '내가 원하노니 이 말을 들을지어다'라고 한다. 미가 3:1-4에서 정치 지도자들의 죄악에 대해서 말씀했다. 미가 3:5-8에서 미가 3:5과 미가 3:8이 서로 '여호와'로 하나의 단락을 이루면서 거짓 선지자와 미가 선지자 즉 참된 선지자를 대조하고 있다. 그리고 미가 3:9-12에서 정치 지도자들뿐만 아니라, 종교 지도자들까지의 죄악에 대해서 말씀하고 있다. 따라서 3장은 샌드위치 구조로 이루어져 있다.

> A 미 3:1-4 지도자들의 죄악과 심판

B 미 3:5-8 거짓 선지자들과 대조되는 미가(거짓 선지자와 참된 선
　지자)

A' 미 3:9-12 지도자들의 죄악과 심판

5) 미가 3:9-12에서 정치 지도자들과 종교 지도자들의 죄악에 대해
서 고발한다. 첫째, 뇌물을 위하여 재판한다는 것이다. 둘째, 삯을
위하여 교훈한다는 것이다. 셋째, 돈을 위하여 점친다는 것이다.
이렇게 정의를 미워하고 정직한 것을 굽게 하고 있다. 그러면서 여
호와께서 우리 중에 계시니 결코 재앙이 우리에게 임하지 않는다
고 한다. 그러나 하나님은 철저히 심판하신다는 것이다. 첫째, 시
온은 갈아엎은 밭이 된다는 것이다. 둘째, 예루살렘은 무더기가 된
다는 것이다. 셋째, 성전의 산은 수풀의 높은 산이 된다고 한다. 미
가 3:10의 '시온'과 '예루살렘'의 피와 죄악에 대하여 미가 3:12의
'시온'과 '예루살렘'을 철저히 심판하시겠다는 말씀이 서로 평행을
이루면서 하나의 단락을 이루고 있다.

끝날에 이르러는 여호와의 전의 산이 산들의 꼭대기에 굳게 서며 작은 산들 위에
뛰어나고 민족들이 그리로 몰려갈 것이라
But in the last days it shall come to pass, that the mountain of the house of the
Lord shall be established in the top of the mountains, and it shall be exalted
above the hills; and people shall flow unto it.
미가 4:1

11

끝날에 이르러는

끝날에 이르러는

성경 : 미가 4 : 1 - 5

> **서론** 미가서는 크게 세 부분으로 나눌 수 있다. 미가 1:2은 '들
> 으라'(שׁמעו)로 시작하고 있다. 또 미가 3:1도 '들으라'(שׁמ
> עו)로 시작하고 있다. 그리고 미가 6:1도 '들으라'(שׁמעו)로
> 시작하고 있다. 이렇게 미가서를 '들으라'(שׁמעו)로 시작하
> 는 것을 중심으로 크게 세 부분으로 나눌 수 있다. 첫째,
> 1-2장이다. 둘째, 3-5장이다. 셋째, 6-7장이다.

1) 이러한 각 단락들을 보면, 전반부에는 선민의 범죄 지적이나 심
   판 예언 등의 부정적 내용이 나오고, 후반부에는 구원과 회복의
   예언 및 메시아의 도래 예언과 같은 긍정적 내용이 나오는 형식
   으로 되어 있다.

   그러면서 이러한 각 단락들 안에서 '심판과 구원'이 서로 짝을 이루
   고 있다. 첫 번째 단락에서(미 1:2-2:13), 미가 1:2-2:11은 심판이
   며, 미가 2:12-13은 구원이다. 두 번째 단락에서(미 3:1-5:15), 미가
   3:1-12은 심판이며, 미가 4:1-5:15은 구원이다. 세 번째 단락에서
   (미 6:1-7:20), 미가 6:1-7:6은 심판이며, 미가 7:7-20은 구원이다.
   각 단락들이 모두 심판에서 구원으로 바뀐다. 심판이 중심이 아니
   라 구원이 핵심이다. '심판을 통한 구원'이다. '회개를 통한 회복'이

중심이다.

2) 그 중에 첫 번째 단락(미 1:2-2:13)은 '긴 심판과 짧은 구원'이며, 두 번째 단락(미 3:1-5:15)은 '짧은 심판과 긴 구원'이다.

3장은 선민의 지도자들이 범한 죄악들을 지적하고 그로 말미암은 하나님의 심판으로 인하여 예루살렘을 비롯한 유다가 멸망하여 황폐화될 것이라는 말씀을 하고 있다.

3) 그런데 4장과 5장에서는 유다의 운명이 하나님의 심판으로 끝나는 것이 아니고, 하나님께서 정하신 때가 되면 그들이 다시 회복되고, 이방 민족들이 회심하여 율법을 중심으로 한 온전한 평화의 시대가 이루어질 것이라는 예언이 주어지고 있다.

그 가운데 4장 이하 5장에서는 끝날에 이방 민족들이 회심하고 여호와의 판결로 인하여 평화의 시대가 도래될 것을 예언하고 있다. 이렇게 심판에 관한 내용을 다루는 3장과 회복에 관한 내용을 다루는 4장 이하의 내용 사이를 연결하는 역할을 하기 위해서 접속사 '와우'(ו)가 사용되고 있다.

4) 이렇게 3장과 완전히 정반대인 4장을 시작하면서 첫 머리에 '끝날이 이르러는'이라는 말씀은 이스라엘의 죄악에 대한 고발과 심판 선포로 특징지어지는 3장의 내용과 4장 이후를 확연히 구분짓고 있다.

미가 4:6의 '그 날에는'과 미가 5:10의 '그 날에 이르러는' 역시 이 본문들이 다가올 미래를 말하고 있음을 보여주고 있다. 아울러 '무엇이 있으리라 / 되리라'로 옮길 수 있는 '베하야'(וְהָיָה)라는 표현이 미가 4:1과 미가 5:5, 7, 8, 10에 기록되어 있다. '베하야'(וְהָיָה)를 비롯해서 미래를 가리키는 '그날에'와 같은 표현이 6장 이후로 전혀 쓰이지 않는다는 점에서 4-5장은 한 덩어리로 묶을 수 있다.

5) 이러한 4-5장의 처음과 끝에 있는 미가 4:1-5과 미가 5:10-15은 서로 상응하고 있다.

미가 4:1-5은 여호와께서 행하심으로 말미암아 온 땅에 임할 평화를 말씀하고, 미가 5:10-15은 여호와께서 세상에 행하실 심판으로 말미암아 사라지게 되는 군사력을 말씀하고 있다. 미가 4:1-5은 칼이 보습으로 바뀌는 세상을 말씀하고, 미가 5:10-15은 여호와께서 군마와 병거를 없애 버리실 것을 말씀하고 있다. 처음과 끝의 두 단락이 비교적 명료하게 이전 단락과 구분되는 데 비해, 미가 4:6-5:9을 분명하게 단락으로 구분하기는 쉽지 않다. 그런데 미가 4:1을 시작하면서 '끝날에 이르러는'이라고 한다. 먼 미래에 일어날 일을 말씀하고 있다.

1. 끝날 즉 종말의 때에 하나님 나라의 통치(양상)이다.

1) 미가 4:1에서 '여호와의 전의 산이 산들의 꼭대기에 굳게 선다'고 한다. '여호와의 전의 산'이란 하나님께서 경배하는 예루살렘 성전

이 있는 시온 산을 의미한다. 단수로 하나의 산을 의미한다(미 1:3, 3:12). '산들'은 복수로 세상의 나라들을 상징하고 있다. 4장을 시작하면서 미래의 회복된 영광스러운 시온의 모습을 말씀하고 있다. 온 세상의 왕이신 하나님께서 모든 나라를 통치하신다.

2) 세상의 모든 나라들이 하나님의 통치하심에 복종할 것이라는 것이다. 끝날 즉 종말의 때가 되면 세상의 모든 권력자들뿐만 아니라, 우상을 섬기는 자들까지도 자발적으로 하나님을 섬기게 될 것이라는 것이다. 그리고 더 나아가서 '민족들이 그리로 몰려갈 것이라'고 말씀하면서 민족들이 시온을 향해 몰려갈 것이라고 선언하고 있다(미 1:9).

3) 그들이 몰려오면서 무엇이라고 하는가? 선민 이스라엘이 아닌 다른 여러 나라들 즉 많은 이방 사람들이 하나님의 통치 아래 들어온다는 것이다. 몰려가면서, '오라 우리가 올라가자'라고 한다. 이르자고 한다. 어디에 올라가자고 하는가? 어디에 이르자고 하는가? '여호와의 산'이라고 한다. '야곱의 하나님의 전'이라고 한다. 한마디로 시온 산이다. 예루살렘이다.

4) 그러면서 이들이 시온 산 즉 여호와의 산에 온 목적을 크게 세 가지로 말씀하고 있다. 첫째, 성전에 이르도록 하기 위해서이다. 둘째, 하나님의 말씀을 배우기 위해서이다. 셋째, 하나님께 배운 말씀을 실천하기 위해서이다. 우리말 개역개정은 '이는'이라고 번역했지만, 원문은 '키'(כִּי) 즉 왜냐하면 율법이 시온에서부터 나올 것이요 여호와의 말씀이 예루살렘에서부터 나올 것이기 때문이다.

시온과 예루살렘이 율법과 여호와의 말씀의 출처가 되기 때문이다. 미가서 미가 4:1-3과 이사야서 미가 2:2-4이 매우 흡사하다.

2. 끝날 즉 종말의 때에 하나님 나라의 완성이다.

1) 이렇게 미가 4:1-2에서 끝날에 이방의 여러 나라들이 여호와의 성전으로 와서 하나님의 말씀을 들으며 회심할 것을 예언하고 있다. 그리고 이어지는 미가 4:3-4은 그 결과로 많은 민족들이 여호와의 판결에 의지하는 평화의 시대가 도래할 것을 예언하고 있다.

2) 미가 4:3은 하나님께서 온 세상을 심판하실 것을 말씀하고 있다. 하나님의 의로우신 판결에 따라 사람들이 구체적으로 행동을 통해 실천할 내용을 밝히고 있다. 하나님의 심판과 판결을 통해 이 세상에 전쟁이 없어지고 온전한 평화가 정착되는데, 특히 하나님께서 전쟁을 멈추게 하시고 평화가 이루어지도록 하시는 하나님의 세상 통치 방법을 보여주고 있다.

3) 하나님의 통치 결과로 남은 나라들이 전쟁 무기들을 녹여서 농사 기구들을 만들 것이라는 것이다. '칼을 쳐서 보습을 만들고, 창을 쳐서 낫을 만들 것'이다. 전쟁이 없는 평화의 시대가 올 것이다. 그것도 이 평화가 얼마나 완전하고 확실한 것인지, 또 영구적인 것인지를 강조하고 있다.

4) 이제 미가 4:4에서는 평화의 정착과 직접 관련된 표현을 사용하여

다시 강조하고 있다. 모두 풍요, 번영, 평화를 상징하는 포도와 무화과 나무들 아래 앉았다는 것이다. 그리고 그들을 두렵게 할 자가 없다는 것이다. 그러면서 미가 4:5에서 우상 숭배자인 '만민'과 여호와를 신앙하는 '우리'를 서로 대조시키면서, 오직 하나님만 의지하면서 섬기게 된다는 것이다.

> **결론** 미가서 두 번째 단락은 3:1-5:15이다. 이 두 번째 단락(미 3:1-5:15)은 크게 두 부분으로 나눌 수 있다. 하나는 3:1-12의 심판이다. 멸망이다. 현재적 시점에서 관찰한 내용을 기록한 것으로, 예루살렘의 권력 핵심부(사법, 정치 그리고 종교 지도자들)의 타락상을 고발하면서 심판의 당위성을 천명하고 있다. 다른 하나는 미가 4:1-5:15의 구원이다. 회복이다. 현재적 시점에서 먼 미래를 바라보며 새로운 왕적 메시아의 도래와 그의 통치를 확실한 비전으로 제시하고 있다.

1) 3장은 불의한 지도자들의 악행과 불의에 대하여 고발하는 성격이 강하다면, 4-5장은 미래의 하나님 나라의 비전과 약속으로 특정 지어지고 있다. 이처럼 의도적으로 현재의 심판과 미래의 종말론적 회복과 구원을 서로 대비시켜 가면서 하나님의 주권적 통치를 강조하고 있다. 그래서 미가 4:1을 시작하면서 접속사 '와우'(ו)로 시작하여, 3장과 4장이 철저히 대조를 이루고 있다.

2) 미가 3:12에서 시온과 예루살렘의 완전한 멸망을 말씀하고 있다.

예루살렘과 성전의 파괴를 말씀하고 있다 그러나 미가 4:1에서 성전의 회복과 높아짐을 말씀하고 있다. 사실 예루살렘 성전의 회복을 말씀하시는 것이 아니라, 더 정확히 '끝날'에 일어날 일에 대해서 말씀하고 있다(미 4:1-3과 사 2:2-4의 유사한 평행).

3) 미가서 미가 4:3에서 '…그 칼을 쳐서 보습을 만들고 창을 쳐서 낫을 만들 것이며…'라고 한다. 이사야 미가 2:4에서도 '…무리가 그들의 칼을 쳐서 보습을 만들고 그들의 창을 쳐서 낫을 만들 것이며…'라고 한다. 그런데 반해 요엘서 3:10(히, 4:10)에서는 '너희는 보습을 쳐서 칼을 만들지어다 낫을 쳐서 창을 만들지어다'라고 한다. 요엘서는 미가서나 이사야서와는 완전히 정반대로 말씀하고 있다. 미가서와 이사야서는 '칼을 쳐서 보습을 만들고, 창을 쳐서 낫을 만들 것'이라고 하면서 끝날이 이르면 하나님이 온 세상 나라들에게 전쟁 도구를 농기구로 바꿔들게 하기에 전쟁 없는 평화가 이 세상에 도래하게 되리라는 것을 말씀하고 있다. 그러나 반대로 요엘서는 '보습을 쳐서 칼을 만들고, 낫을 쳐서 창을 만들지어다'라고 하면서 여호와의 날에 있을 열방에 대한 심판을 일깨워주는 종말론적 선포를 말씀하고 있다.

4) 미가 선지자는 장차 이루어질 예루살렘뿐만 아니라, 많은 이방인들이 여호와께로 돌아오고 몰려오는 것을 말씀하고 있다. 오라 우리가 여호와의 산에 올라가서 야곱의 하나님의 전에 이르자고 한다. 그리고 그곳에서 그의 도를 배우고, 그의 길로 행하자는 것이다. 율법과 말씀을 통한 통치가 이루어질 것임을 말씀하고 있다.

그리고 미가 선지자는 장차 이루어질 하나님의 통치 즉 심판과 판결로 평화의 시대가 도래할 것을 말씀하고 있다. 칼을 쳐서 보습을 만들고, 창을 쳐서 낫을 만들 것이라는 것이다. 뿐만 아니라 포도나무와 무화과나무 아래서 쉬게 되는 참된 만족을 누리게 될 것이라는 것이다. 여호와 하나님이 말씀하신 것과 같이 절대로 두렵게 할 자가 없다는 것이다. 그러나 미가 선지자는 이것을 소망 중에 확신하고 예언을 하였지만 실제로 이 일이 이루어진 것을 맛보지는 못했다. 우리 역시 마찬가지이다.

여호와께서 말씀하신다. '내가 벌할 백성, 곧 포로로 잡혀가서 병들어 절며 고통
당하는 자들을 내가 모을 날이 있을 것이다.
In that day, saith the Lord, will I assemble her that halteth, and I will gather
her that is driven out, and her that I have afflicted;
미가 4:6

12

그 날에는

12 그 날에는

성경 : 미가 4 : 6 - 8

서론 미가서 3:1-5:15은 두 번째 큰 단락이다. 미가서 전체의 중심부에 위치하고 있다. 이 부분을 크게 둘로 나눌 수 있다. 하나는 미가 3:1-12인데, 한 마디로 심판이다. 또 다른 하나는 미가 4:1-5:15인데, 구원이다. 그래서 '짧은 심판과 긴 구원'이라고 했다. 심판에 대해서 짧게 기록하고 있고, 구원에 대해서 길게 기록하고 있다.

1) 우리말 개역개정에는 없지만, 원문에는 미가 4:1을 시작하면서 접속사 '와우'(י)가 있다.

   이것은 3장과 4장이 완전히 대조를 이루고 있다는 의미이다. 3장에서는 시온과 예루살렘이 하나님의 심판을 받아 철저히 황폐화되고 있다(미 3:9-12). 그러나 4장에서는 시온과 예루살렘에 대한 구원을 말씀하고 있다(미 4:1-5).

2) 그래서 미가 4:1-5에서 '끝날이 이르러서는'이라는 먼 미래에 일어날 일들에 대해서 말씀하고 있다.

   크게 두 가지로 말씀하고 있다. 첫째, 민족들이 그리로 몰려갈 것이라고 했다. 둘째, 평화의 시대가 도래할 것이라고 했다.

3) 그런데 미가 4:1에서 '끝날에 이르러는'(וְהָיָה בְּאַחֲרִית הַיָּמִים)이라고
하면서 '끝날'이 단수가 아니라, 복수이다.

'끝날들'이다. 어느 특정한 한 날을 가리키는 것이 아니라, 미래의
어느 때를 가리키는 것이다. 맨 마지막 끝이 아니라, 미래의 어느
시기에 있을 일에 대해서 말씀하고 있다(사 2:2). 그러나 미가 4:6에
서는 '그 날에는'(בַּיּוֹם הַהוּא)이라고 하면서 복수가 아니라, 단수이다.
어느 특정한 날을 가리키고 있다. 그것도 정관사가 포함되어 있는
그 날이다.

4) 따라서 미가 4:1의 '끝날' 즉 미래의 어느 때와 미가 4:6의 '그
날'은 아주 밀접한 관련을 가지고 있다.

그러나 그 의미가 동일한 것은 아니다. 미가 4:6의 '그 날'에 대해 아
주 분명한 것은 하나님께서 세상의 모든 악한 세력을 물리치시고
하나님의 남은 백성들을 구원하셔서 영원한 하나님 나라를 완성하
시는 종말론적인 한 날을 가리키고 있다.

1. 그 날에 강한 나라가 되게 한다.

1) 미가 4:6에서 그 날에 대해 여호와께서 말씀하신다는 것이다. 내
가 반드시 모으고, 모을 것이라고 한다. 이렇게 두 번이나 반복하
면서 강조하고 있다. 앞에 모으다는 '오세파'(אֹסְפָה)인데, 그 원형은

'아싸프'(אָסַף)로 추수한 밭에 남아 있는 이삭을 줍듯이 샅샅이 긁어 모으는 것을 의미한다(룻 2:7). 어떤 특정한 목적을 위해서 어떤 대상을 모은다기보다는 정해진 분량을 채우기 위해서 필요한 것을 하나하나 채운다는 의미가 강하다. 그리고 뒤에 나오는 모으다는 '아캅베차'(אֲקַבְּצָה)인데, 그 원형은 '카바츠'(קָבַץ)로 하나님께서 불러 모으시는 것을 의미한다. 마치 군대를 소집하듯이 불러 모으시는 것을 말씀하고 있다. 흩어져 있는 대상을 한 장소로 모으는 것을 말씀하고 있다. 어떤 특별한 목적을 가지고 집결하게 하는 것이다.

2) 미가 4:6은 미가 2:12-13의 말씀과 밀접하게 연결되어 있다. 미가 2:12-13은 한 처소에 두기 위해서 모은다는 사실을 강조했다. 목자에게 양 떼같이 초장의 양 떼같이 한다고 했다. 그런데 미가 4:6은 한 처소를 강조하는 것이 아니라, 그곳에 모으는 사람을 강조하고 있다.

3) 그럼 하나님께서 누구를 모으시겠다고 하는가? 하나님께서 어떤 자들을 모으시겠다고 하는가? 여기에 크게 세 부류의 사람을 말씀하고 있다. 첫째, 저는 자이다. 둘째, 쫓겨난 자이다. 셋째, 환란을 받는 자이다. 이런 자들을 불러 모아서 어떻게 하시겠다고 하는가? 스스로의 힘으로는 어쩔 수 없는 연약한 자들을 모아서 무엇을 하시겠다는 것인가? 미가 4:7에서 남은 백성이 되게 하고, 강한 나라가 되게 하겠다고 하신다. 남은 자로 강한 나라를 이루게 하는 대역전의 상황이 일어난다.

2. 그 날에 내게로 돌아오리라.

1) 미가 4:7의 앞 부분에서 강한 나라가 되게 하는 것과 뒷 부분의 나 여호와가 그들을 다스리리라는 것은 아주 밀접하게 연결되어 있다. 강한 나라를 이룰 것이라는 것과 그 나라를 하나님께서 다스리실 것이라는 말씀이 서로 대구를 이루고 있다. 남은 자들의 강한 나라 건립과 하나님의 영원한 통치는 서로 결합하여 선민 이스라엘 나라의 회복이라는 역사를 이루어가는 것이다. 이러한 대역전의 상황은 바로 '나 여호와가 그들을 다스리리라'는 말씀 때문이다. 여호와 하나님의 통치, 즉 다스림 때문이다.

2) 그런데 하나님께서 어디에서 다스린다고 하는가? '시온 산'이다. 이러한 시온에서 하나님의 통치 기간은 어떠한가? '이제부터 영원까지'이다. 이러한 하나님의 통치 모습은 미가 4:8에서 어떠하다고 하는가? 예루살렘의 이전 권능, 이전 통치의 회복을 말씀하고 있다. '네게로 돌아와서' 옛적의 다윗의 영광을 회복하게 될 것이다. 새로운 다윗에 의해 예루살렘에 새로운 통치가 임할 것이다(미 5:2).

3) 여기 '양 떼의 망대'가 구체적으로 무엇을 가리키는지는 크게 두 가지의 견해가 있다. 하나는 메시아와 하나님의 성전으로 보는 견해이다. 다른 하나는 지명으로 보는 견해이다. 우리말 개역개정은 메시아보다 지명을 가리킨다고 보는 것이 더 자연스러울 것이다. 그 이유는 첫째, '양 떼의 망대요. 딸 시온 산이여'라고 하면서 서로 병행을 이루기 때문이다. 둘째, 이 말씀은 오실 메시아에 대

한 내용이 아니고, 하나님의 나라로서 선민 이스라엘이 하나님께
로 돌아올 것이라는 내용이기 때문이다. 셋째 '그리고 너는'이라는
'앗타'(אַתָּה)는 대명사로서 '에데르의 망대'나 '딸 시온 산이여'라는
표현과 동격으로 사용된 단어이기 때문이다. 아무튼 하나님께서
그들을 회복시키고, 네게로 돌아오게 하겠다는 것이다.

> **결론** 미가 4:1은 접속사 '와우'(ו)로 시작하고 있다. 이것은 3
> 장과 4장이 서로 대조를 이루고 있다는 것이다. 미가
> 4:1을 시작하면서 '끝날에 이르러는'이라고, 먼 미래에
> 일어날 일에 대해서 말씀하고 있다. 첫째, 민족들이 그리
> 로 몰려 갈 것이다. 둘째, 평화의 시대가 도래할 것이다.

1) 그런데 미가 3:12과 미가 4:1 사이에는 인간의 그 어떤 행위도 기
   록되어 있지 않다. 회개를 했다거나, 우상숭배를 포기하고 하나님
   께로 돌아왔다거나, 등등 선민 이스라엘의 행위를 전혀 기록하고
   있지 않다. 그렇다면 이것은 무엇을 말씀하고 있는가? 끝날에 일
   어날 일들이 인간의 행위와 아무런 상관이 없이 전적으로 하나님
   의 절대적 주권에 의해서 이루어진다는 것이다. 하나님의 철저한
   은혜로 임하는 것임을 강조하고 있다.

2) 이렇게 미가 4:1이 '끝날들'에 일어날 일을 말씀했다면, 이제 4:6에
   서는 '그 날'에 대해서 말씀하고 있다. 최종적으로 이루어지는 하나
   님 나라가 완성되는 '그 날'에 대해서 말씀하고 있다. 온 세상의 왕

으로서 하나님의 통치가 가시화 되는 그 날에 대해서 말씀하고 있다. 크게 두 가지로 말씀하고 있다. 첫째, 여호와께서 반드시 저는 자, 쫓겨난 자, 환난 받게 한 자를 모으시겠다고 말씀하신다. 그래서 남은 자를 강한 나라가 되게 하시겠다고 한다.

3) 둘째, 여호와께서 다스리신다고 한다. 시온 산에서 이제부터 영원까지 다스리신다고 한다. 1인칭에서 3인칭으로 전환이 되면서 여호와가 직접 다스림을 말씀하고 있다. 시온과 예루살렘을 2인칭으로 묘사하면서 목자와 양, 신랑과 신부, 아버지와 딸의 관계로 옛적 다윗의 영광을 회복하기 위해서 '네게로 돌아오리라'고 말씀하고 있다. 포로에서 귀환하게 될 것을 말씀하고 있다.

4) 미가 3:12과 미가 4:1에서는 아무런 인간의 행위가 없이 하나님의 절대적 주권을 강조하고 있다. 은혜를 강조하고 있다. 그러나 미가 4:1-5의 '끝날들'에 일어날 일과 미가 4:6-8의 '그 날'에 이루어질 일에는 미가 4:5가 있다. 미가 4:5의 결과로 미가 4:6-8의 '그 날'에 대한 것을 말씀하고 있다. 미가 4:6-8은 미가 4:5과 아주 밀접하게 연결되어 있다. 미가 4:5에는 '…오직 우리는 우리 하나님 여호와의 이름을 의지하여 영원히 행하리로다'라는 신앙고백과 결단이 있다. '우리가 행하리로다'라고 하면서 인간의 행위, 책임을 강조하고 있다.

5) 우리가 그의 도를 배우고, 그의 길을 따라 계속 걸어가야 한다는 것이다. 그렇게 하다가 보면 '그 날'이 하나님의 은혜로 주어진다

는 것이다. '그 날'이 온다는 것이다. 심판을 통한 구원, 멸망에서 회복으로, 저주에서 영광이 주어진다는 것이다. 남은 자들을 모아 강한 나라로 만들고, 하나님이 통치하는 그곳으로 만들어 반드시 내게로 돌아오게 하시겠다는 것이다. 새 하늘과 새 땅, 새 예루살렘의 영광이 주어지게 되는 것이다.

이제 네가 어찌하여 부르짖느냐 너희 중에 왕이 없어졌고 네 모사가 죽었으므로
네가 해산하는 여인처럼 고통함이냐
Now why dost thou cry out aloud? is there no king in thee? is thy counsellor
perished? for pangs have taken thee as a woman in travail.
미가 4:9

13

이제 네가

13 이제 네가

서론 우리말 개역개정에는 없지만, 원문에는 미가 4:1을 시작하면서 접속사 '와우'(ㅣ)가 있다. 3장과 4장이 완전히 대조를 이루고 있다는 말이다. 미가 3:9-12에서는 시온과 예루살렘이 하나님의 심판을 받아 철저히 황폐화되고 있다. 그러나 미가 4:1에서는 끝날에 이르러 시온과 예루살렘이 구원될 것을 말씀하고 있다(미 4:1-5).

1) 미가 4:1-5에서 '끝날에 이르러는 …' 즉 먼 미래에 일어날 일들에 대해서 말씀하고 있다.

크게 두 가지로 말씀하고 있다. 첫째는 민족들이 그리로 몰려갈 것이다. 둘째는 평화의 시대가 도래할 것이다.

2) 미가 4:1에서는 끝날들 즉 미래의 어느 때를 말씀하고, 미가 4:6에서는 '그 날에'라고 하면서 어느 특정한 날을 가리키고 있다.

정관사가 포함되어 있는 그 날이다. 복수가 아니라 단수이다.

3) 미가 4:6-8에서 그 날에 대해서 크게 두 가지로 말씀하고 있다. 첫째는 여호와께서 반드시 저는 자, 쫓겨난 자, 환난 받게 한 자를 다 모으시겠다고 말씀하신다.

그래서 남은 자를 강한 나라가 되게 하시겠다고 한다. 1인칭을 통해서 강조하고 있다. 내가 남은 자를 통해 강한 나라를 만드시겠다고 한다.

4) 둘째는 여호와께서 다스리신다고 한다.

시온 산에서 이제부터 영원까지 다스리신다고 한다. 1인칭에서 3인칭으로 전환이 되면서 여호와가 직접 다스림을 말씀하고 있다. 시온과 예루살렘을 2인칭으로 묘사하면서 목자와 양, 신랑과 신부, 아버지와 딸의 관계로 옛적 다윗의 영광을 회복하기 위해서 '네게로 돌아오리라'고 말씀하고 있다. 포로에서 귀환하게 될 것을 말씀하고 있다. 이렇게 미가 4:6-8에서 장차 쫓겨난 선민의 남은 자들이 귀환할 것과 선민 국가가 회복될 것이라고 말씀하셨다.

5) 그런데 미가 4:8은 '너는'(אַתָּה) 으로 시작하고 있다. 그리고 미가 5:2에서도 '너는'(אַתָּה)으로 하나의 단락을 이루고 있다.

또 '다스리다'를 의미하는 동사 '마샬'(מָשַׁל)에서 파생한 명사형이 미가 4:8에서 '권능'(개역개정판)으로 기록되고, 이 동사의 분사형이 미가 5:2에서 '다스릴 자'(개역개정판)로 기록되어 있다. 이렇게 미가 4:8-5:2을 하나로 묶을 수 있다. 이 경우 이 두 구절은 이 단락 전체를 감싸고 있다고 볼 수 있다.

6) '다스림'이라는 말씀이 미가 4:7에서도 쓰인다는 점에서, 미가 4:8은 미가 4:7까지를 맺으면서 새로운 단락을 시작한다고 생각할 수 있다.

한편 미가 4:9은 '이제'를 의미하는 '앗타'(עַתָּה)로 시작한다는 점에서 같은 첫머리를 가진 미가 5:1과 대응하고 있다. 미가 4:9을 새로운 시작으로도 볼 수 있다. 하지만 내용으로 보면 미가 4:9-10은 시온이 겪을 고초와 괴로움을 말씀하고, 미가 4:11-13은 시온의 승리를 말씀하고 있다. 이것을 고려하면 미가 4:8-5:2을 다음과 같이 생각해 볼 수 있다.

    A 미 4:8 베앗타(וּבְעַתָּה) – 예루살렘 나라가 회복되리라
      B 미 4:9-10 앗타(עַתָּה) – 시온이 겪을 고초와 괴로움
        C 미 4:11-13 베앗타(וּבְעַתָּה) – 시온이 열방을 부수리라
      B' 미 5:1 앗타(עַתָּה) – 군대가 시온을 포위하며 뺨을 치리라
    A' 미 5:2 베앗타(וּבְעַתָּה) – 이스라엘을 다스릴 자가 나오리라

1. 이제 네가 어찌하여 부르짖느냐

1) 미가 4:9에서 우리말 개역개정은 '큰 소리' 즉 '레아으'(רֵעַ)라는 말을 번역하지 않았다. 그러나 원문에는 분명히 있다. '이제 네가 어찌하여 큰 소리로 부르짖느냐'는 것이다. 해산하는 여인이 겪는 것과 같은 고통으로 크게 소리 지르는 것이다. 그렇다면 여기 '네가'는 누구인가? 미가 4:6의 '쫓겨난 자'를 의미한다. 또 '내가 환

난 받게 한 자'를 의미한다. 미가 4:7에서는 '멀리 쫓겨났던 자들'을 의미한다. 그러니 한 마디로 바벨론 포로로 잡혀간 자들을 말씀하고 있다. '네가'는 2인칭 여성 단수로 딸 시온 혹은 딸 예루살렘을 가리키는 것이다.

2) 그럼 무엇 때문에 부르짖고 있는가? 첫 문장과 마지막 문장 사이에 놓인 두 문장은 의문문이다. '너희 중에 왕이 없어져서냐?'라는 말은 한 나라가 완전히 멸망했다는 것이다. 또 '너희 모사가 사라져서 울부짖는 것이냐?'라는 것이다. 왕과 모사는 여호와 하나님을 가리키는 것으로도 볼 수 있다. 그러므로 4:9은 두 가지 의미가 함께 있다. 한편으로는 자신들의 왕과 모사를 의지했으나 비참한 꼴이된 선민 이스라엘을 드러내면서, 다른 한편으로는 그들의 진정한 왕이요 모사인 여호와 하나님이 여기에 있는데, 왜 그리 소리를 지르느냐고 깨우치고 있다.

3) 미가 4:10에서는 고통을 통한 새로운 생명의 탄생이라는 긍정적 주제로 전환되고 있다. 선민 이스라엘이 나라를 잃고 멸망하여 울부짖는다는 어두운 주제를 다루고 있는 미가 4:9과 대조적으로 미가 4:10은 바벨론으로부터 해방될 뿐만 아니라 모든 원수들의 위험으로부터도 안전해질 것이라는 밝은 주제를 다루고 있다. 즉 아이를 낳기 이전의 산모의 산고는 선민의 멸망과 포로됨을 상징하는 부정적 이미지를 갖지만, 아이를 낳은 산모는 하나님 나라로서의 새로운 출발이라는 긍정적 이미지를 전달하고 있다.

2. 이제 네가 성읍에서 나가서 들에 거주하며

1) 미가 4:10은 선민 이스라엘을 향해 격려하는 마음이 담긴 '구로하라, 낳으라'는 두 개의 명령형 동사로 시작하고 있다. 힘들여 낳으라고 한다. 해산하는 고통을 겪고 있는 선민 이스라엘 백성들을 향하여 오히려 고난과 고통의 기간 동안에 인내할 것을 말씀하고 있다. 이것은 하나님의 구원의 때를 기다리라는 말씀이다.

2) 그리고 그 이유를 말씀하고 있다. 미가 4:10 후반부에서, 우리말 개역개정에는 없지만, 원문에서는 접속사 '키 앗타'(כִּי עַתָּה)로 시작하고 있다. 이제 유다가 바벨론에 의해 멸망할 것이라는 사실을 보다 분명하게 말씀하고 있다. 그것도 앞으로 어떠한 일이 일어날 것인지에 대해서 크게 세 단계로 말씀하고 있다. 첫째는 그들이 예루살렘을 떠나게 될 것을 말씀하고 있다. 둘째는 들에서 야영생활을 하게 될 것이라고 말씀하고 있다. 셋째는 바벨론에 머무르게 될 것이라고 말씀하고 있다.

3) 특별히 '성읍에서' '바벨론까지'라고 하면서 전치사 '민'(מִן)과 '아드'(עַד)가 도착, 목적지를 강조하고 있다. 선민 이스라엘의 멸망뿐만 아니라, 나라를 잃고 원수 나라인 바벨론에 끌려가 타향살이를 하게 될 것을 말씀하고 있다. 여기서 출애굽 상황을 표현하고 있다. '애굽에서 나가서 광야에 거하는 것' 대신에 '시온에서 나가서 바벨론으로 가는 길에 들판에 거하게 될 것'임을 말씀하고 있다.

4) 이렇게 선민 이스라엘은 바벨론에 의해 멸망되고 백성들은 포로로 끌려가게 될 것이라고 말씀하고 있다. 성읍에서 나가 들에 거하며 바벨론까지 가게 되는 상황이 바로 앞에서 말씀하신 해산하는 여인의 고통, 출산하기 위해 온 힘을 쓰며 고통스러워하는 모습이 가리키는 것이다. 마침내 다다른 해산은 바벨론에서 경험하는 구원을 가리키고 있다. '거기서' 구원을 얻을 것이다. 때가 차면 다시 네 원수의 손에서 속량하게 하신다는 것이다.

> **결론** 미가 4:1은 접속사 '와우'(1)로 시작하고 있다. 이것은 3장과 4장이 서로 대조를 이루고 있다는 것이다.

1) 미가 3:12과 미가 4:1에서는 아무런 인간적인 행위 없이 하나님의 절대적 주권을 강조하고 있다. 미가 3:12과 미가 4:1 사이에는 인간의 그 어떤 행위도 없다는 것이다. 끝날에 일어날 일들이 인간의 행위와 아무런 상관이 없이 전적으로 하나님의 절대적 주권에 의해서 이루어지는 것이다. 하나님의 철저한 은혜로 임하는 것임을 강조한다.

2) 그러나 미가 4:1-5의 '끝날들'에 일어날 일과 미가 4:6-8의 '그 날'에 이루어질 일에는 미가 4:5이 있다. 미가 4:5의 결과로 미가 4:6-8의 '그 날'에 대한 것을 말씀하고 있다. '우리가 행하리로다'라고 하면서 인간의 행위, 책임을 강조하고 있다. 우리가 그의 도를 배우고 그의 길을 따라 계속 걸어가야 한다는 것이다.

3) 미가 4:8-13에는 '딸 시온' 혹은 '딸 예루살렘'이라는 말씀이 네 번이나 반복되어 있다. 미가 5:1에 있는 '딸 군대' 역시 이런 흐름에 따라 의도적으로 사용하고 있다. 이런 맥락에서 미가 5:2의 '베들레헴 에브라다'에 있는 히브리어 '베트'와 '딸'을 의미하는 히브리어 '바트'의 발음과 표기상의 유사성 역시도 의도된 것이라고 할 수 있다. 또한 미가 4:8과 미가 5:2에 2인칭 대명사 '앗타'가 접속사 '와우'와 함께 기록되어 있다(베앗타, וְאַתָּה)는 점도 주목할 필요가 있다. 이 2인칭 대명사 '앗타'(אַתָּה)와 발음이 동일하면서 '이제'를 의미하는 '앗타'(עַתָּה)가 미가 4:8-5:2에 여러 번 기록되어 있다(미 4:9, 11, 5:1). 이것을 구조적으로 보면 다음과 같다.

> A 미 4:8 '그러나 너(베앗타) 양떼의 망대 시온의 산이여 예루살렘의 나라가 네게로 돌아오리라'
> B 미 4:9 '이제(앗타) 왕이 없어 부르짖느냐'
> B' 미 4:11 '이제(앗타) 이방 사람들이 모여 오리라'
> B" 미 5:1 '이제(앗타) 딸 군대가 너를 에워싸리라'
> A' 미 5:2 '그러나 너(베앗타) 베들레헴 에브라다여, 이스라엘을 다스릴 자가 나오리라'

4) 미가 4:8에서 이전의 영광이 어떻게 이루어지는가? 여기에 대한 해답이 바로 미가 4:9-10이다. 미가 4:9-10은 한마디로 딸 시온의 현재적 고통과 미래에 있을 구원에 대해서 말씀하고 있다. 미가 4:9에서는 '이제'라고 하면서 그들의 고난을 기록하고 있다(미 4:11). 이어서 미가 4:10에서는 '딸 시온아'라고 부르면서 하나님

의 구원 약속을 말씀하고 있다(미 4:13). 이와 같은 구조를 통해서 그들의 고난이 확실한 것처럼 그들의 구원도 확실함을 가르쳐 주고 있다. 고난과 구원의 확실함을 가르치기 위하여 '해산하는 여인의 고통'이라는 이미지를 사용하고 있다. 여인이 매우 큰 고통 가운데서 아이를 낳듯이, 그들의 고통은 새로운 생명을 낳을 징조라는 것이다. 현재적 고통과 미래에 있을 구원을 말씀하고 있다.

지금 많은 나라들이 너희를 치려고 모여 '예루살렘은 멸망되어야 한다.
우리는 이 성이 파괴되는 것을 보아야겠다.' 하고 말하지만
Now also many nations are gathered against thee, that say, Let her be defiled,
and let our eye look upon Zion.

미가 4:11

14

딸 시온이여

14 딸 시온이여

성경 : 미가 4 : 11 - 13

서론 미가서 3장과 4장은 철저한 대조를 이루고 있다. 미가 4:1이 원문에는 접속사 '와우' 즉 '그러나'로 시작하고 있다. 그러나 우리말 개역개정에는 번역이 생략되어 있다.

1) 미가 3:9-12에서 시온과 예루살렘이 하나님의 심판을 받아 멸망 당하고 있다.

    그러나 미가 4:1-5에서 끝날들에 이르러서는 시온과 예루살렘이 다시 회복되어진다.

2) 미가 4:6-8에서 '그 날'에는 이전의 권능과 통치의 회복, 다윗의 영광의 회복을 말씀하고 있다.

3) 그리고 나서 미가 4:9에서 '이제 네가'라고 한다. 또 미가 4:10에서도 '이제 네가'라고 한다. 크게 두 가지로 말씀하고 있다. 첫째는 이제 네가 어찌하여 크게 부르짖느냐고 한다.

    왕도 없어졌고, 모사도 죽었기 때문에 네가 해산하는 여인처럼 진통하고 있냐는 것이다. 바벨론의 포로로 잡혀가서 포로 생활 중에 겪는 엄청난 고난과 고통을 해산하는 여인의 이미지로 말씀하고 있다.

4) 둘째는 이제 네가 거기서 구원을 얻는다고 한다.

이제 네가 성읍에서 나가서 들에 거주하며 바벨론까지 이르러 포로 생활을 한다는 것이다. 하지만 해산하는 여인처럼 결국 힘들여 아이를 낳는다는 것이다. '거기서 구원을 얻는다'는 것이다. '거기서 속량하여 내시리라'고 한다. 바벨론의 포로에서 다시 예루살렘으로 돌아온다는 것이다.

5) 이제 미가 4:11에서도 '이제 많은 이방사람들이'라고 하면서 4:9의 '이제 네가'와 아주 밀접하게 연결되고 있다.

뿐만 아니라, 미가 4:13에서도 '딸 시온이여'라고 하면서 미가 4:10의 '딸 시온이여'와 아주 밀접하게 연결되고 있다. 그러니까 미가 4:9-10에서 선민 이스라엘들이 비록 포로 생활의 큰 고통을 겪을 것이지만, 그 이후 여호와 하나님의 은혜로 속량될 것이라는 것이다. 그리고 미가 4:11-13에서는 선민 이스라엘을 심판하시는 하나님의 뜻을 곡해한 이방들로부터 선민 이스라엘에게 해방과 승리를 맛보게 하실 것을 말씀하고 있다.

1. 많은 이방이 모여서 딸 시온을 치게 된다.

1) 미가 4:9을 '이제 네가'(עַתָּה)로 시작했다. 미가 4:10에서도 '…이제 네가'(עַתָּה כִּי)라고 했다. 그리고 미가 4:11에서도 '이제…'(וְעַתָּה)라

고 하면서 '베(웨)앗타'라고 한다. 그러니까 접속사 '와우'로 시작하고 있다. '와우'는 '그러나' 혹은 '그리고'라는 의미로 미가 4:9-10과 반대되는 상황으로 미가 4:11을 말씀하고 있다. 대조되는 것으로 말씀하고 있다.

2) 미가 4:9-10이 '이제 네가'라고 하면서 딸 시온에 대해서 말씀하고 있다면, 미가 4:11이하에서는 '딸 시온'에 대한 많은 이방 사람들의 행동에 대해 말씀하고 있다. 미가 4:11에 나오는 많은 이방 사람들은 미가 4:2과 다르다. 미가 4:2은 회개하여 시온과 예루살렘으로 몰려오는 많은 이방 사람들이다. 그러나 미가 4:11에서는 많은 이방 사람들이 이제 모여서 너를 즉 딸 시온을 친다는 것이다. 많은 이방 사람들이 딸 시온 즉 선민 이스라엘을 침략해 온다는 것이다.

3) 그렇다면 '많은 이방 사람들' 혹은 나라들이 누구인가? 여러 가지 견해들이 있지만, 크게 두 가지로 생각해 볼 수 있다. 하나는 미가 선지자가 활동한 당시부터 계속 선민 이스라엘을 침략한 모든 나라, 사람들을 가리키는 것으로 생각해 볼 수 있다. 또 다른 하나는 남 유다의 멸망에 초점을 맞추고 있기 때문에 바벨론 침략으로 국한 되는 것으로 볼 수 있다. 그 이유는 미가 4:10에서 '바벨론'이라는 고유 명사가 이미 사용되고 있기 때문이다. 그럼에도 불구하고 바벨론과 원수들, 시온의 대적자들을 가리키고 있다. 전혀 회개할 줄 모르는 강팍한 사람들을 가리키고 있다.

4) 이렇게 딸 시온을 침략하면서 그 주변에 있는 나라들이 여러 가지

저주를 퍼부었다. 그 저주의 내용이 무엇인가? 크게 두 가지이다. 하나는 '시온이 더럽게 되며'라고 한다. 다른 하나는 '그것을 우리 눈으로 바라보기를 원하노라'고 한다. 미가 4:12에서 접속사 '와우'로 시작하면서, 미가 4:11과 미가 4:12이 서로 대조를 이루고 있다. 미가 4:11에서 많은 이방 사람들이 딸 시온을 노략하고 멸망시키고, 저주를 퍼붓는 말을 하고 있지만, '그러나'라고 하면서 미가 4:12은 이전과 완전히 정반대로 다른 상황이 펼쳐질 것을 강조하고 있다. 딸 시온이 멸망을 받은 것이 아니라, 많은 이방 사람들이 심판을 받는다는 것이다. 접속사 '키'를 통해서 하나님께서 많은 이방 사람들을 모으시고 심판하시는 이유는 그들이 선민 즉 딸 시온에 대한 하나님의 심판의 목적을 잘못 알고, 교만하여 딸 시온을 저주하였기 때문이라는 것이다. 역전의 상황이 되는 것이다.

2. 딸 시온이여 일어나서 칠지어다.

1) 미가 4:13에서 많은 이방 사람들이 딸 시온을 향해 저주를 퍼붓고, 멸망에 이르게 하여 딸 시온이 크나큰 징계를 당하지만, 그러나 실상 곡식 단처럼 타작 마당에 모아 심판을 당하는 자들은 다름 아닌 많은 이방 사람들이라는 것이다. 그렇다면 딸 시온은 어떻게 되느냐? 딸 시온은 많은 이방 사람들에 의해서 크나큰 징계를 당하지만, 저주의 소리를 듣고 있지만, 바벨론 포로로 잡혀가는 크나큰 아픔과 고통을 당하지만, 결국 여호와 하나님의 은혜로 회복을 경

험하게 된다는 것이다.

2) 미가 4:10에서는 소극적으로 말씀하고 있지만, 미가 4:13에서는 보다 적극적으로 말씀하고 있다. 딸 시온에게 일어나서 자신을 괴롭히는 대적이 되는 나라들을 무찌르고 그들로부터 얻은 재물을 하나님께 바치라는 매우 적극적인 내용을 말씀하고 있다.

3) '딸 시온이여'라고 하면서 두 가지 명령을 하고 있다. 첫째는 일어나라고 한다. 둘째는 '칠지어다'라고 한다. 이 두 가지 명령은 미가 4:9-10과 미가 4:12과 밀접하게 연결되어 있다. 바로 하나님의 심판과 구원이라는 주제 아래에서 대구를 이룰 뿐만 아니라, 하나님의 타작하심 즉 대적 나라들에 대한 심판이라는 주제 아래에서 말씀하고 있다. 이제 하나님께서 곡식 단처럼 타작 마당에 모으신 많은 이방 사람들을 심판하신다. 그렇다면 '딸 시온'은 어떻게 되느냐? '일어나라'고 한다. '타작하라'고 한다. 그것은 하나님께서는 타작을 진두 지휘하시는 주인의 이미지로 기록하고, 선민 이스라엘, 딸 시온은 직접 타작을 행하는 주인의 대리자인 종의 이미지로 묘사되고 있다(미 4:9).

4) 우리말 개역개정에서는 접속사 '키'(כִּי)에 대한 번역이 없다. 그러나 분명히 원문에는 접속사 '키'가 있다. 그 이유를 말씀하고 있다. 먼저 내가 하겠다고 한다. 반드시 하겠다는 것이다. 두 가지를 말씀하고 있다. 하나는 '내가 네 뿔을 무쇠 같게 하신다'는 것이다. 다른 하나는 '네 굽을 놋 같게 하신다'는 것이다. 그 다음 여호와께 드린다는 것이다. 승리와 탈취물을 여호와를 위하여 드린다는 것

이다. 딸 시온이 승리하는 날에 모든 열방이 여호와께, 여호와를 위하여 구별하여 바친다는 것이다.

> **결론** 미가서 4:6-8은 '그 날'에 대해서 말씀하고 있다. 그 날 은 추수의 때이다. 하나님께서 선민 이스라엘을 바벨론 의 압제로부터 해방시키는 심판의 날이다. 하지만 궁극 적으로 하나님을 대적하고 하나님의 백성을 괴롭히던 모 든 나라들을 멸망시키고 온전히 하나님 나라를 완성하는 종말의 날이다.

1) 이러한 하나님의 나라는 저절로 임하는 것이 아니라, 4:9-10의 고 난을 통해서 영광이 주어진다는 것이다. 고난을 통한 영광, 십자가 를 통한 부활을 말씀하고 있다. 바로 딸 시온은 고난 가운데 부르 짖는다는 것이다. 딸 시온이 바벨론의 포로로 잡혀가는 고난의 신 세가 된다는 것이다. 해산하는 여인의 고통을 겪는다는 것이다. 그 리고 나면, 딸 시온은 거기서 구원을 얻는다는 것이다. 네 원수들 의 손에서 속량하여 내신다는 것이다.

2) 그리고 미가 4:11-13에서 이제 많은 이방 사람들이 모여 시온을 멸망시키려고 온다는 것이다. 열방은 딸 시온의 심판에 대해서 무 지했다는 것이다. 하나님의 뜻과 계획을 알지 못했다는 것이다. 그 러면서 여호와 하나님께서 시온을 멸망시키는 것이 아니라, 많은 이방을 멸망시킨다는 것이다. 오히려 딸 시온을 승리하게 하신다 는 것이다. 그들의 탈취물과 그들의 재물을 여호와 하나님께 드린

다는 것이다. 온 땅의 주께 돌린다는 것이다. 이렇게 미가 4:9-13은
이중적 구조를 이루고 있다. 이것을 구조적으로 보면 다음과 같다.

4:9-10 현재의 고난과 미래의 구원	4:11-13 현재의 고난과 미래의 구원
A 4:9a 이제(바벨론에 포로로 끌려가는 지금)	A 4:11a 이제(종말에 남은 자가 시온으로 돌아와 있는 지금)
B 4:9b 고난의 상황	B 4:11b-12 고난의 상황
C 4:10a 딸 시온이여	C 4:13a 딸 시온이여
D 4:10b 하나님의 구원/승리	D 4:13b 하나님의 구원/승리

3) 미가 4:6-8에서 딸 시온은 강하기 때문에 영광스러운 것이 아니라
저는 자, 쫓겨나는 자, 환난을 당하는 자가 되지만, 그럼에도 불구
하고 하나님께서 그들을 다시 모으시고, 강한 나라로 회복하게 하
실 것이라고 했다.

4) 미가 4:9-10에서 딸 시온은 성읍에서 나가서, 들에 거주하며 바벨
론에 포로로 잡혀가지만, 그럼에도 불구하고 하나님께서 해산하
는 여인의 고통처럼 힘들여 아이를 낳게 하신다는 것이다. 거기서
구원을 얻게 된다는 것이다. 바벨론의 포로에서 돌아와 다시 영광
을 누리게 하신다는 것이다.

5) 이제 미가 4:11-13에서 딸 시온이 가장 낮아지고 열방의 조롱거
리가 되었을 그때, 도리어 그 낮아진 딸 시온을 들어 하나님이 열
방을 부수시는 것이다. 열방을 멸망시키는 것이다. 열방은 시온을

치러 몰려 왔지만, 정작 산산이 부수어진 것은 그들 자신이라는 것이다. 열방의 조롱과 모욕거리가 된 딸 시온이지만, 하나님은 도리어 이런 딸 시온을 들어 열방과 그들이 자랑하는 재물을 밟으시고 승리하신다는 것이다. 이 말씀을 다르게 하면 약한 자를 들어서 강한 자를 치시는 하나님이다. 넘어진 자들을 다시 일으켜 세우시는 하나님이다. 강한 자를 낮추시고, 약한 자를 높이시는 하나님이다. 교만한 자들을 물리치시고, 겸손한 자들에게 은혜를 베푸시는 하나님이다(삼상 2:6-10). 하나님은 절대적 주권을 가지고 계신다.

이스라엘 사람들아, 병력을 동원하라. 우리가 포위되었으니 원수들이 막대기로
이스라엘 통치자의 뺨을 칠 것이다.

Now gather thyself in troops, O daughter of troops: he hath laid siege against
us: they shall smite the judge of Israel with a rod upon the cheek.

미가 5:1

15

이제…딸 군대여,
베들레헴 에브라다야

이제...딸 군대여, 베들레헴 에브라다야

성경 : 미가 5 : 1 - 2

> **서론** 미가서 1:1은 표제이다. 표제에 이어 미가 1:2-2:13은 하나의 큰 단락을 이루고 있다. 그리고 미가 3:1-5:15까지 또 하나의 단락을 이루고 있다. 미가 3:1-5:15도 크게 두 부분으로 나눌 수 있다. 하나는 심판이다(미 3:1-12). 또 다른 하나는 구원이다(미 4:1-5:15).

1) 미가 4:1-5은 '끝날에 이르러는'이라고 하면서 '끝날들'에 대해서 말씀하고 있다.

여기 '끝날'은 복수이다. 여러 날들, 시대, 때를 가리키고 있다. 먼 미래에 일어날 일들에 대해서 말씀하고 있다. 그러나 미가 4:6-8에서는 '그 날에'라고 하면서 '그 날'에 대해서 말씀하고 있다. 여기 '그 날'은 정관사가 있는 단수이다. 최후 마지막 승리의 날이다. 약속이 성취되고 완성되는 그 날이다. 하나님 나라의 완성의 그 날이다.

2) 미가 4:9-5:1이 하나의 단락을 구성하고 있다.

우리말 개역개정에서 미가 5:1인 구절이 히브리어 원문(MT)에서는 미가 4:14로 되어 있다. 그래서 마소라 본문은 우리말 개역개정의

미가 5:1이 미가 4:14이 되어 4장을 끝맺고 있다. 하지만 칠십인역 (LXX)은 마소라(MT) 본문의 미가 4:14을 미가 5:1로 우리말 개역개정과 같이 하고 있다. 우리말 개역개정은 마소라 본문을 따른 것이 아니라, 칠십인역을 따르고 있다.

3) 그럼 왜 마소라 본문은 우리말 개역개정 미가 5:1을 미가 4:14로 하면서 4장을 끝맺고 있는가?

미가 4:9은 '이제 네가'라고 시작한다. 미가 4:10은 '딸 시온이여'라고 시작하고, 이어서 '이제 네가'라고 한다. 그러면서 딸 시온을 중심으로 말씀하고 있다. 딸 시온이 해산하는 여인과 같이 고통, 고난을 겪는다는 것이다. 그러나 해산하는 여인처럼 힘들여 낳으라고 한다. 출산의 기쁨과 감격을 말씀하고 있다. 그러면서 거기서 구원을 얻게 된다는 것이다. 거기서 너를 네 원수의 손에서 속량하여 내시리라고 한다.

4) 그리고 미가 4:11에서 '이제 많은 이방 사람들이'라고 하면서 미가 4:13에서 '딸 시온이여'라고 한다.

미가 4:9-10과 미가 4:11-13이 동일한 패턴으로 이루어져 있다. 단지 차이가 있다면, 딸 시온을 중심으로 하다가, 많은 이방 사람들 즉 열방에 대해서 말씀하고 있다. 열방이 딸 시온을 친다는 것이다. 무지해서 그렇게 한다는 것이다. 하지만 여호와 하나님께서 열방을 멸망시킨다는 것이다. 여호와 하나님께서 곡식 단을 모아서 타작 마당에서 추수하듯이 심판한다는 것이다. 이렇게 열방을 심판하는 날, 딸 시온이 일어나서 친다는 것이다. 여호와 하나님께서 강하게 하여서, 영원한 승리를 한다는 것이다. 그 승리를 주신 온 땅의 주, 여호와 하나님께 영광을 돌린다는 것이다.

5) 우리말 개역개정 미가 5:1은 원문과 차이가 있다.

구절뿐만 아니라(미 4:14), 번역에서도 차이가 있다. 원문을 직역하면 "이제 너는 떼를 모을지어다. 딸 군대여 그들이 우리를 에워쌌으니 막대기로 이스라엘 재판자의 뺨을 치리로다"라고 할 수 있다(공동 번역과 바른성경 참조). 원문의 순서로 보면 '이제 너는 떼를 모을지어다, 딸 군대여…'라고 말씀하고 있다. 따라서 미가 4:9-10과 미가 4:11-13과 미가 4:14 혹은 미가 5:1이 모두 동일한 패턴으로 되어 있다. 3중적 구조로 이루어져 있다. 이것을 구조적으로 보면 다음과 같다.

4:9-10	4:11-13	5:1(MT 4:14)
A 4:9 '이제 네가'	A 4:11 '이제 많은 이방사람들이'	A 5:1a '이제 너는'
B 4:10 '딸 시온이여'	B 4:13 '딸 시온이여'	B 5:1b '딸 군대여'

6) 이것을 조금 더 넓게 보면 미가 4:8-5:2까지 하나의 단락을 구성하고 있다. 이것을 구조적으로 보면 다음과 같다.

A 미 4:8 '그러나 너(베앗타, הָעֹפֶל) 양떼의 망대 시온의 산이여 예루

살렘의 나라가 네게로 돌아오리라'

B 미 4:9 '이제(앗타, עַתָּה) 왕이 없어 부르짖느냐', - '딸 시온이여'

B' 미 4:11 '이제(앗타, עַתָּה) 이방 사람들이 모여 오리라', - '딸 시온이여'

B" 미 5:1 '이제(앗타, עַתָּה) 딸 군대가 너를 에워싸리라', - '딸 군대여'

A' 미 5:2 '그러나 너(베앗타, וְאַתָּה) 베들레헴 에브라다야, 이스라엘
을 다스릴 자가 나오리라'

1. 이제 너는 모을지어다.

1) 미가 4:9에서 '이제 네가'라고 하면서 딸 시온에 대해서 말씀했다.
   미가 4:11에서 '이제 많은 이방 사람들이'라고 하면서 딸 시온 대
   신에 많은 이방 사람들, 열방에 대해서 말씀했다. 이제 다시 미가
   5:1에서 '이제 너는'이라고 하면서 딸 시온에 대해서 말씀하고 있
   다. 이미 미가 4:13에서 '딸 시온이여 일어나서 칠지어다'라고 했
   다. 이제 미가 5:1에서 '이제 너는 떼를 모을지어다'라고 하면서 딸
   시온에게 전쟁이 있을 것이므로 군대를 모집하라고 한다.

2) 지금까지 '딸 시온이여'라고 했다가 이제는 '딸 군대여'라고 한다.
   전투적인 모습으로 말씀하고 있다. 전쟁에 대비하여 군대를 모집
   하라는 것이다. 하지만 '딸 군대여'라고 하면서 아주 절망적이지만
   그래도 한번 해보라는 것이다. 연약하고 보잘것없는 딸 군대가 어
   디 한 번 전쟁을 준비해 보라는 것이다. 이기기는커녕 멸망할 것이

뻔하다는 것이다.

3) 지금 딸 시온, 딸 군대의 상황이 어떠한가? '그들이 우리를 에워
   쌌다'고 한다. 그들이 누구인가? 그들은 많은 이방 사람들이다(미
   4:11). 열방이다. 미가 4:2에서와 달리 회개하지 않고, 교만하고,
   강퍅하고, 완악한 자들이다. 딸 시온을 침략하면서 대적하는 자들
   이다. 이들이 침략해서 에워쌌다는 것이다. 에워쌌을 뿐만 아니라,
   '막대기로 이스라엘의 재판자의 뺨을 치리로다'라고 한다. 최고의
   조롱과 수치를 말씀하고 있다.

4) 이것은 단지 통치자 개인이 당하는 모욕이라고 보기보다는 통치
   자로 대변되는 이스라엘에 대한 국가적 모욕 혹은 이스라엘의 주
   관자가 되시는 하나님에 대한 모욕으로도 볼 수 있다. 역사적으
   로 보면 바벨론이 예루살렘을 함락시켰을 때에도 하나님의 임재
   의 상징적 처소인 예루살렘 성전의 기구들이 탈취를 당하고 성전
   이 불태워졌다. 더 나아가서 신약시대에 세상을 구원하러 오신 메
   시아가 대적들에 의해서 모욕과 수치와 조롱을 당한 사실로도 생
   각할 수 있다. 이러한 해석이 가능한 것은 히브리어 원문은 4장 마
   지막 미가 4:14인데 반해, 70인역과 우리말 개역개정에서는 미가
   5:1로 구분하여 미가 5:2과 연결시키고 있기 때문이다.

2. 네게서 내게로 나온다.

1) 미가 4:9-5:1에서는 선민 이스라엘, 딸 시온이 포로로 잡혀가 큰 고통을 당할 것과 에워싸임을 당하여 수치와 부끄러움을 당하게 될 것을 말씀한다. 이와 더불어 하나님께서 선민을 포로된 나라에서 귀환시키시며, 선민 이스라엘, 딸 시온을 다시 회복하실 것을 말씀하고 있다. 한마디로 메시아 왕국의 도래를 말씀하고 있다.

2) 미가 5:2에서는 메시아 왕국을 세우실 주체이신 한 위대한 왕이 베들레헴 에브라다야에서 탄생하실 것을 말씀하고 있다. 우리말 개역개정에는 번역이 되지 않았지만, 접속사 '와우'가 있어서 '그러나 너는' 이라고 한다. 미가 5:1과 대조를 보이고 있다. 이스라엘의 재판자 즉 왕이 침략자로부터 수치를 당하는 것과 대조를 이루어 더 이상 패배도 수치도 당하지 않으시며, 이스라엘을 온전하게 다스릴 자 참된 왕 메시아의 탄생을 말씀하고 있다.

3) 미가 5:1과 미가 5:2을 연결하여 해석하면, 이스라엘의 재판자, 왕, 혹은 오실 메시아가 모욕을 당할 것이라는 내용과 반대로 메시아의 위대하심과 그 근본의 영원성을 강조하고 있다. 따라서 미가 5:1과 미가 5:2이 모두 메시아에 관한 내용이다. 5:1은 메시아 사역 말기에 당할 모욕에 관해, 미가 5:2은 메시아의 기원과 탄생에 관해 대조적인 내용을 말씀하고 있다(미 4:8).

4) 이스라엘을 다스릴 자, 한 위대한 왕이신 메시아의 탄생에 대해서 예언하고 있다. 먼저 그가 태어날 장소에 대해서 말씀하고 있다.

'베들레헴 에브라다야'라고 한다. '작을지라도'라는 서술이 붙어 있다. 영원함과 보잘것없음이 대조를 이루고 있다. 그 다음 그의 정체와 기원에 대해서 말씀하고 있다. '이스라엘을 다스릴 자가 네게서 내게로 나올 것이다'라고 한다. 베들레헴과 하나님을 위해서 나온다는 것이다. 장소적 배경과 시간적 배경을 강조하고 있다. 오실 메시아는 한계를 갖는 유한한 인간이면서도 한계가 없는 전능한 신적 존재임을 나타내고 있다.

결론 미가서 4-5장은 밀접하게 연결되어 있다. 4-5장이 말하는 미래의 근본적인 변화는 여호와 하나님께서 친히 왕으로 다스리시는 세상이라 할 수 있다. 야곱의 남은 자들이 사자 같아서 원수를 진멸하리라는 미가 5:8-9의 말씀은 쫓겨난 자가 강한 나라가 될 것이라는 미가 4:7과 상응한다고 볼 수 있다. 우리말 개역개정과 영어 성경에서는 4장이 13절까지 되어 있지만, 히브리어 성경과 몇몇 번역 성경에서는 미가 5:1이 미가 4:14로 되어 있기도 하다. 그러나 우리말 개역개정 역시도 미가 5:1을 4장과 연결해 단락을 나누어 놓고 있다. 그러나 미가 5:1에서 이스라엘이 겪는 수치와 미가 5:2의 영광이 대조된다는 점에서 미가 5:1은 미가 5:2과 함께 묶는 편이 좋은 것 같다. 접속사 '와우'로 연결되기 때문이다. 그러므로 4-5장은 여호와께서 다스리시는 세상과 그 가운데 하나님이 세우실 통치자에 대한 것이라고 정리할 수 있다. 이것을 고려하여 4-5장을 구조적으로 보면 다음과 같다.

> A 미 4:1-5 여호와의 산을 중심으로 이루어질 평화의 세상
> B 미 4:6-7 여호와께서 쫓겨난 자를 모아 시온 산에
> 서 다스리시리라
> C 미 4:8-5:2 시온의 회복과 이스라엘을 다스릴 자의
> 등장
> B' 미 5:3-9 야곱의 남은 자가 창대하며 강하리라
> A' 미 5:10-15 여호와께서 군마와 우상 가득한 성읍을
> 멸하시리라

1) 첫 번째로 미가 4:9-10이 하나의 단락을 이루고 있다. 4:9에서는
   '이제 네가'라고 하고, 미가 4:10에서는 '딸 시온이여'라고 하면서
   해산하는 여인의 고통과 출산의 이미지로 고난을 통해서 영광을
   회복한다는 것을 말씀하고 있다.

2) 두 번째로 미가 4:11-13이 또 하나의 단락을 이루고 있다. 미가
   4:11에서는 '이제 많은 이방 사람들이'라고 하고, 미가 4:13에서
   는 '딸 시온이여'라고 하면서 전쟁하는 전투의 이미지로 전투를 통
   해서 승리한다는 것을 말씀하고 있다.

3) 세 번째로 미가 5:1-2이 또 하나의 단락을 이루고 있다. 앞의 4장
   후반부와 5장의 전반부가 비슷한 구조로 되어 있다. 단순한 반복
   이 아니라, 더 강조하면서 구체적으로 알려주고 있다. 그래서 미가
   5:1이 우리말 개역개정에는 번역이 되지 않았지만, 원문에는 '이
   제 너는'이라고 하면서 '딸 시온이여' 대신에 '딸 군대여'라고 한

다. 많은 이방 사람들에게 에워싸여 막대기로 뺨을 맞는 수치스러운 이스라엘 재판자에 대해서 말씀하고 있다. 이렇게 미가 5:1은 4장의 결론으로 볼 수 있다. 히브리어 마소라 본문이 미가 4:14로 되어 있기 때문에 미가 4:9-14로 연결할 수 있다.

4) 그러나 또한 미가 5:1은 5장의 서론이다. 헬라어 칠십인 역이 미가 5:1로 되어 있기 때문이다. 미가 5:1-2로 연결할 수 있다. 그래서 미가 5:2을 시작하면서 우리말 개역개정에는 없지만, 원문은 접속사 '와우'가 있다. '그러나 너 베들레헴 에브라다야'라고 하면서 미가 5:1의 뺨을 맞는 이스라엘의 재판자와 대조적으로 미가 5:2에서 이스라엘을 다스리는 자가 나온다는 것이다. 그것도 베들레헴 에브라다, 유다 지파들 가운데 미미한 곳에서 이스라엘을 다스릴 자가 나온다는 것이다. 예루살렘을 파멸의 길로 가게 했던 재판자 즉 왕과 달리 앞으로 나오게 될 왕 즉 이스라엘의 통치자는 예루살렘을 바르게 통치할 것이다. 미가 4:9-13이 '딸 시온'에 초점을 맞추고 있는 것에 비하여 미가 5:1-2은 하나님 나라의 백성들을 통치하고 이끌어갈 미래의 새로운 이스라엘을 다스릴 자에 대해서 말씀하고 있다. 이러한 이스라엘을 다스리는 자의 탄생은 새로운 시작이다. 그 통치자는 다윗의 자손, 즉 새로운 다윗을 통해 시작하게 될 것이다. 이렇게 미가 5:2에 나오는 새로운 인물에 주목을 하고 있다.

5) 미가 5:2과 이를 인용한 마태복음 2:6을 서로 비교해 보면 몇 가지 점에서 차이가 있다. 첫째, 미가 5:2에서는 '에브라다'가 있지만, 마태복음 2:6에는 없다. 둘째, 미가 5:2에서는 '그의 근본은 상고

에, 영원에 있느니라'가 있지만, 마태복음 2:6에는 없다. 셋째, 미가 5:2에서는 '유다 족속 중에 작을지라도'라고 하면서 작은 것을 강조하고 있다. 그러나 마태복음 2:6에서는 '너는 유대 고을 중에서 가장 작지 아니하도다'라고 하면서 베들레헴이 결코 작지 않으며, 무시 못할 곳임을 강조하고 있다. 넷째, 미가 5:2에는 없는데, 말씀이 마태복음 2:6에서는 '내 백성 이스라엘의 목자가 되리라'고 말씀하고 있다.

이스라엘의 수난이 끝날 때까지 하나님이 자기 백성을 이방인들의 손에 맡겨 두실 것이며 그 후에 흩어져 있는 그의 동족들이 이스라엘 땅으로 돌아올 것이다.

Therefore will he give them up, until the time that she which travaileth hath brought forth: then the remnant of his brethren shall return unto the children of Israel.

미가 5:3

16

그러므로…내가…

그러므로…내가…

성경 : 미가 5 : 3 - 6

> **서론** 미가 4:9-5:1(MT 4:14)은 하나의 큰 단락을 이루고 있
> 다. 그것도 3중적 구조로 이루어져 있다. 첫 번째 단락
> 은 미가 4:9-10이다. 두 번째 단락은 미가 4:11-13이다.
> 세 번째 단락은 미가 5:1(M.T 4:14)이다. 이것을 구조적
> 으로 보면 다음과 같다.

미가 4:9-10	미가 4:11-13	미가 5:1(MT 4:14)
A 4:9 '이제 네가' B 4:10 '딸 시온이여'	A 4:11 '이제 많은 이방사람들이' B 4:13 '딸 시온이여'	A 5:1a '이제 너는' B 5:1b '딸 군대여'

1) 우리말 개역개정 미가 5:2은 미가 5:1과 연결하여 말씀하고 있다.

그러나 히브리어 원문 마소라 본문(MT)에는 우리말 개역개정 미가
5:2이 미가 5:1로 되어 있다. 하지만 헬라어 칠십인역(LXX)에는 우
리말 개역개정과 같이 미가 5:2로 되어 있다. 미가 5:1을 5장의 서
론으로 하고, 미가 5:2을 시작하고 있다. 그래서 우리말 개역개정은
미가 5:1-2을 서로 연결시키고 있다.

2) 그러나 히브리어 원문, 마소라 본문은 우리말 개역개정 미가 5:2

을 미가 5:1로 새롭게 시작하고 있다.

그러면서 우리말 개역개정에는 없지만, '와우'라는 접속사로 시작하고 있다. '그러나 너 베들레헴 에브라다야…'라고 한다. 앞 절에서 '이스라엘 재판자' 즉 인간의 왕들이 막대기로 뺨을 맞은 수치와 부끄러움을 말씀한 것과 상반되는 '이스라엘을 다스릴 자' 즉 메시아의 탄생에 대해서 말씀하고 있다. 초라하고 보잘것없는 베들레헴에서 죄악의 문제를 해결하는 구세주가 나온다는 것이다. 인간이시면서 하나님 자신인 이스라엘을 다스릴 자가 베들레헴에서 탄생하신다는 것이다. 따라서 우리말 개역개정 미가 5:1-2은 한마디로 딸 군대의 수치와 메시아 탄생에 대해서 말씀하고 있다.

3) 그러면서 미가 5:2은 미가 4:8과 아주 밀접하게 연결되어 있다.

미가 4:8에서 말씀하는 딸 예루살렘의 이전 권능과 나라의 회복이 미가 5:2에서 말씀하는 이스라엘을 다스릴 자가 베들레헴에서 나옴으로써 이루어진다는 것이다. 이렇게 새로운 메시아, 왕의 베들레헴 탄생을 통해서 다윗과 아주 밀접하게 연결시키고 있다. 이스라엘을 다스릴 자는 다윗의 자손 즉 새로운 다윗으로 베들레헴에서 탄생하게 된다는 것이다.

4) 우리말 개역개정 미가 5:1-2은 히브리어 원문, 마소라 본문에서 미가 4:14과 미가 5:1로 되어 있다.

마소라 본문에 따르면 미가 4:14 즉 미가 5:1로 4장을 끝을 맺고,

미가 5:1 즉 미가 5:2로 새롭게 시작하고 있다. 이렇게 5장을 새롭게 시작하면서 접속사 '와우'로 시작하고 있다. 미가 5:1과 미가 5:2이 서로 대조를 이루면서, 그 중간에 인간의 그 어떤 행위도 없다는 것이다. 이것은 미가 3:12과 미가 4:1에서도 동일하다. 미가 4:1을 시작하면서 접속사 '와우'로 시작하고 있다. 미가 3:12과 미가 4:1이 서로 대조를 이루면서 그 중간에 인간의 그 어떤 행위도 없다. 그러나 미가 4:5과 미가 4:6은 서로 대조를 이루면서 '우리가 행하리로다'라고 하면서 인간의 행위, 인간의 책임을 강조하고 있다. 따라서 미가 5:1과 미가 5:2을 통해 무엇을 말씀하고 있는가? 미가 4:1의 끝날에 일어날 일들이 인간의 행위와 상관없이 하나님의 절대적 주권에 의해서 이루어지는 것과 같이, 미가 5:2의 이스라엘을 다스릴 자, 메시아의 탄생 역시 전적으로 하나님의 절대적 주권에 의해서 이루어진다는 것이다(갈 4:4).

1. 그가 서서 목축한다.

1) 미가 5:3은 이스라엘을 다스릴 자, 메시아의 탄생에 대해서 말씀하시다가 갑자기 해산하는 여인을 말씀하고 있다. 해산하는 여인에 대해서는 미가 4:9과 미가 4:10에서 이미 말씀했다. 미가 4:9-10의 해산하는 여인은 딸 시온을 가리키는 말씀이었다. 딸 시온이 바벨론의 포로로 잡혀가서 엄청난 고통과 고난을 겪을 것이라고 말씀했다. 선민 이스라엘을 가리키는 말씀이었다. 그런데 미가

5:3의 임신한 여인이 해산하는 것은 이제 출산이 임박했다는 것으로 메시아의 탄생과 연관이있다. 처녀인 마리아가 아기를 낳은 것과 관련이 있다(사 7:14). 따라서 이것은 바로 창세기 3:15의 원시 복음과 연결되고 있다.

2) 이스라엘을 다스릴 자, 메시아가 탄생하기 이전에는 딸 시온, 선민 이스라엘이 침략자의 지배하에 방치될 것이다. 특별히 여기 '그들을 붙여 두시겠고'라는 말씀은 선민 이스라엘을 고난 가운데 그대로 방치해 둔다는 말씀이다. 멸망의 상태로, 포로의 상태로 계속해서 머물 수밖에 없는 것이다. 따라서 하나님께서 죄로 인해서 딸 시온을 방치하시는 기간은 임신한 여인이 해산하기까지이다. 그러나 그 후가 되면 상황이 달라지게 되는 것이다. 즉 메시아가 탄생하게 되면 상황이 완전히 변하게 되는 것이다. 따라서 여기 그 후는 선민 이스라엘이 이방 나라에 멸망당하고 포로 상태로 있다가 그들을 구원하실 메시아가 세상에 태어나신 후에 일어날 일을 말씀하고 있다. 그 후에 그의 형제들 가운데서 남은 자가 이스라엘 자손에게 돌아오게 된다는 것이다. 메시아 도래를 기점으로 그의 형제 가운데에 남은 자가 이스라엘 자손에게 돌아오게 된다는 것이다(바사 왕 고레스=메시아, 사 45:1).

3) 미가 5:4에서 메시아가 이스라엘 백성들을 약속의 땅으로 인도하는 역할만 하는 것이 아니라, 그들이 온전한 하나님의 백성으로 정착하고 성숙해갈 수 있도록 돌보는 역할을 충실하게 감당하는 모습을 강조하고 있다. 그리고 더 나아가 메시아의 이러한 능력과 위

엄은 단지 이스라엘 백성들이나 이스라엘의 영토에만 미치는 것
이 아니다. 온 세계와 온 우주에까지 미칠 것을 말씀하고 있다. 메
시아의 출현과 사역으로 말미암은 하나님 나라의 종말론적 완성
에 대해서 말씀하고 있다. 이것은 그가 즉 메시아가 온 세상, 온 우
주 만물을 창조하시고, 통치하시는 하나님이시기 때문이다.

2. 그가 그에게서 건져내리라.

1) 미가 5:4에서 메시아 사역과 관련하여 '번영'에 중점을 두어 말씀
   했다면, 미가 5:5에서는 하나님의 백성들이 누릴 평강에 대해서
   강조하고 있다. '그리고 이 사람은 평강이 될 것이다…'라고 한다.
   개역성경은 '이 사람은 우리의 평강이 될 것이다'라고 번역하고 있
   다. 표준 새번역은 '그리고 그는 그들에게 평화를 가져다 줄 것이
   다'라고 한다. 하지만 '우리'나 '그들'은 원문에도 없고, 우리말 개
   역개정에도 없다. 그것은 하나님 나라가 완성된 이후에 메시아가
   '우리'가 의미하는 '이스라엘'과 같은 어느 특정한 나라에 대해서
   만 평강을 가져다 주시는 것이 아니라, 세상의 모든 나라와 온 우
   주까지도 평강을 주시는 진정한 왕이 되시기 때문이다(빌 2:9-10).

2) 이어서 앗수르 사람들이 이스라엘을 쳐들어 왔을 때에 이스라엘
   백성들이 힘을 합하여 그들을 물리칠 뿐만 아니라, 메시아가 이스
   라엘 백성들을 구원하시고 앗수르를 멸망시킬 것을 말씀하고 있

다. 여기 앗수르는 단지 역사적 앗수르만으로 생각하면 곤란하다. 이스라엘을 위협하는 모든 이방 나라들을 상징하는 것으로 볼 수 있다. 따라서 앗수르는 하나님 나라를 위협하는 모든 구속사 과정에 등장하는 악의 세력, 적대 세력을 포괄하는 말씀으로 볼 수 있다(미 4:10, 11).

3) 미가 5:5은 앗수르와 같은 강력한 대적들이 이스라엘을 침략할 때 물러서지 않고 대적에 대해 맞서 싸운다는 소극적 내용에 초점을 맞추고 있다. 그러나 미가 5:6은 이스라엘이 오히려 그 대적들을 완전히 멸망시킨다는 적극적인 내용을 말씀하고 있다. 역사적으로 볼 때 이스라엘은 대적의 침입을 무찌르고 독립을 쟁취하는 일은 있었지만, 그들의 나라를 적극적으로 공격하여 점령하는 사건은 단 한 번도 없었다. 그러므로 선민 이스라엘의 역사 속에서 실제 전쟁에서의 정복을 의미하는 것이 아니라, 이스라엘로 표현되는 하나님 나라의 종말론적 승리를 염두에 둔 예언의 말씀으로 보아야 할 것이다. 메시아가 선민 이스라엘에게 힘과 능력과 용기를 주시고, 궁극적으로 그들을 인도하시어 승리와 평강을 주실 것이다. 이렇게 메시아를 3인칭으로 가리키는 내용이 서두와 말미에 나옴으로써 전체를 하나로 묶어 주고 있다. 이것을 구조적으로 보면 다음과 같다.

A 미 5:5a 이 사람(메시아, 평화를 가져오는 사람)
　B 미 5:5b-5:6a 앗수르의 침략과 이에 대한 승리의 서술
A' 미 5:6b 메시아의 구원적 승리(3인칭으로 지칭)

또한 이러한 미가 5:5-6은 이중적 구조로 이루어져 있다. 이것을 도표로 나타내면 다음과 같다.

미가 5:5a	미가 5:6b

A 메시아의 언급(5a)
 B 앗수르
  C 오다(בוֹא / 야보)
   D 내려오다(יָרַד / 이드로크)
	A 메시아의 언급(6b)
	 B 앗수르
	  C 오다(בוֹא / 야보)
	   D 내려오다(יָרַד / 이드로크)

결론 우리말 개역개정과 달리 히브리 원문은 미가서 4장과 5장의 시작이 동일하다. 즉 미가 4:1과 미가 5:1(MT)이 모두 접속사 '와우'로 시작하고 있다. 따라서 바로 앞 구절과 아주 밀접하게 연결되어 있으면서 대조를 보이고 있다. 미가 4:1은 미가 3:12과 밀접하게 연결되어 대조를 보이고 있다. 또한 미가 5:1(MT)도 미가 4:14(MT)과 밀접하게 연결되어 대조를 보이고 있다.

1) 미가 4:9-5:1(MT 4:14)이 하나의 단락을 이루면서 3중적 구조로 이루어져 있다. 첫째 단락인 미가 4:9-10에서 딸 시온의 고통과 구원에 대해서 말씀하고 있고, 둘째 단락인 미가 4:11-13에서 열방의 멸망과 딸 시온의 승리에 대해서 말씀하고 있고, 셋째 단락인 미가 5:1(MT 4:14)에서 딸 군대의 수치에 대해서 말씀하고 있다. 그러면서 미가 5:1(MT 4:14)과 미가 5:2(MT 5:1)이 접속사 '와우'로 연결되어 서로 대조를 보이고 있다. 죄악으로 말미암은 딸 군대의 멸망과 이스라엘 재판자 즉 인간 왕의 수치와 이스라엘을

다스릴 자의 탄생에 대해서 말씀하고 있다.

2) 그런데, 미가 3:12-4:1과 마찬가지로, 미가 5:1(MT 4:14)-미가 5:2(MT 5:1)에서도 인간의 행위가 전혀 없다는 것이다. 회개를 했다던가, 우상숭배를 포기하고, 하나님께로 돌아왔다거나 등등 선민 이스라엘의 행위가 전혀 기록되지 않고 있다. 이것은 이스라엘을 다스릴 자의 탄생은 인간의 행위와 아무런 상관이 없다는 것이다(갈 4:4). 이스라엘을 다스릴 자, 메시아의 탄생 역시 전적으로 하나님의 절대적 주권에 의해서 이루어지는 것이다. 하나님의 철저한 은혜로 말미암아 이루어지는 것을 강조하고 있다.

3) 미가 5:3-6에서는 '그러므로…'라는 말씀을 통해서 이스라엘을 다스릴 자, 메시아의 탄생의 결과에 대해서 말씀하고 있다. 먼저 미가 5:3에서 메시아의 탄생의 결과, 오심의 결과로 그의 형제 가운데에 남은 자가 회복된다는 것이다. 대변혁을 통한 원래의 상태로 회복을 말씀하고 있다. 이러한 회복은 마치 임신한 여인이 해산의 고통을 경험하는 것과 같은 고난을 겪은 후에 일어난다는 것이다(미 4:10). 누구를 통해서 회복되어지는가? 그 주체가 바로 이스라엘을 다스리는 자, 메시아를 통해서 회복이 이루어진다는 것이다. 그런 다음 회복뿐만 아니라, 그가 서서 목축을 한다는 것이다. 목자와 같이 자기 백성을 돌보신다는 것이다. 그리고 그의 권세가 땅 끝까지 이를 것을 말씀하고 있다.

4) 그리고 미가 5:5에서 메시아는 평강이 될 것이라고 한다. 메시아

가 이스라엘을 괴롭히고 도전하는 모든 대적들을 격파하고 그들에게서 건져 주실 것을 말씀하고 있다. 그가 선택한 일곱 목자와 여덟 군왕들을 통해서 앗수르의 침략과 니므롯의 손에서 건져낼 것을 말씀하고 있다. 미가 5:5-6에서 앗수르를 이기고 승리하는 자들은 바로 이스라엘을 다스리는 자, 메시아를 통해서 승리한다는 것이다. 그가 우리를 건져내신다는 것이다. 네 원수들의 손에서 건져내신다는 것이다(미 4:10). 그러면서 우리의 평강이 되신다는 것이다. 반드시 승리를 가져온다는 것이다. 그래서 결국 미가 5:3-6에서는 새로운 왕 즉 메시아로 인해 이스라엘이 회복되고(또는 새로운 이스라엘이 형성되고) 또 그 왕이 회복된 하나님의 백성을 다스리심으로 하나님의 백성을 모든 대적들로부터 보호하시고 승리케 하실 것을 말씀하고 있다.

그때 살아 남은 이스라엘 민족은 여호와께서 내리시는 이슬 같고 풀잎에 내리는
단비 같을 것이며 그들은 하나님을 의지하고 사람을 의지하지 않을 것이다.
And the remnant of Jacob shall be in the midst of many people as a dew from
the Lord, as the showers upon the grass, that tarrieth not for man, nor waiteth
for the sons of men.
미가 5:7

17

야곱의 남은 자

17 야곱의 남은 자

성경 : 미가 5 : 7 - 9

> **서론** 미가서 5장은 우리말 개역개정이 히브리어 원문 즉 마소라 본문과 차이가 있다. 서로 5장을 시작하는 것이 다르다. 우리말 개역개정은 미가 5:1로 되어 있는 것이 히브리어 원문 즉 마소라 본문에서는 미가 4:14로 되어 있다. 4장의 마지막 구절로 되어 있다. 또 우리말 개역개정은 미가 5:2로 되어 있는 것이 히브리어 원문 즉 마소라 본문에서는 미가 5:1로 되어 있다. 우리말 개역개정은 미가 5:1을 4장과 연결된 것으로 보지 않고, 오히려 미가 5:1-2의 연관성을 위해서 그렇게 한 것 같다.

1) 물론 우리말 개역개정도 미가 5:2에 단락을 나누는 ○를 넣어 미가 5:1과 미가 5:2을 구분하고 있다.

하지만 히브리어 원문 즉 마소라 본문에서는 미가 5:1을 4장과 아주 밀접하게 연결시키고 있다. 그리고 미가 5:2은 우리말 개역개정에서 접속사를 생략하고 있지만, 원문은 미가 5:2(MT 5:1)을 접속사 '와우'(ֹ)로 시작하고 있다. 우리말 개역 개정의 미가 5:1과 미가 5:2은 서로 대조를 이루고 있다. 미가 5:1은 이스라엘 재판자, 인간 왕들의 죄악으로 당하게 되는 수치와 부끄러움을 말씀하고 있다. 그러나 미가 5:2에서는 이스라엘을 다스릴 자가 베들레헴에서 탄생하신다는 것이다.

2) 미가 5:3-6은 '그러므로…내가…' 즉 라켄(לָכֵן)으로 시작하면서 메시아가 탄생함에 따른 결과에 대해서 말씀하고 있다. 크게 두 가지로 말씀하고 있다. 하나는 그가 서서 목축을 한다는 것이다.

메시아의 탄생으로 말미암아 남은 자가 돌아온다는 것이다. 대회심, 회개의 역사가 일어난다는 것이다. 회개하고 돌아오면 메시아가 목양한다는 것이다. 양떼들을 보살핀다는 것이다. 다스린다는 것이다. 여호와의 능력과 여호와의 이름의 위엄을 가지고 통치하신다는 것이다. 이러한 통치는 선민 이스라엘을 뛰어 넘어 땅 끝까지 미친다고 한다. 온 우주적 통치, 다스림과 보살핌이 이루어진다는 것이다.

3) 다른 하나는 그가 건져낸다는 것이다.

메시아가 평강이 된다는 것이다. 그래서 메시아는 '칼'을 통해서 적대적 세력인 앗수르와 니므롯을 황폐하게 하여 승리하게 된다는 것이다. 성령의 검, 말씀으로 승리한다는 것이다. 그런데 특별히 '일곱 목자'와 '여덟 군왕'을 일으켜 적대적 세력인 앗수르와 니므롯을 친다는 것이다. 그러면서 그가 우리를 그들에게서 건져내신다는 것이다. 구원하여 반드시 승리하게 하신다는 것이다. 이렇게 미가 5:2-6까지는 메시아의 탄생과 메시아의 사역에 대해서 말씀하고 있다.

4) 이제 미가 5:7-9은 메시아에서 '야곱의 남은 자'로 전환되고 있다.

그것도 두 번에 걸쳐(미 5:7, 8)서 동일하게 모두 '야곱의 남은 자는' 이라고 강조하고 있다. 그렇다면 '야곱의 남은 자'는 누구인가? 지금까지 야곱은 북쪽 이스라엘과 남쪽 유다 모두를 포함해서 언급하고 있다. 미가서는 지금까지 일관되게 '야곱'과 '남은 자'를 어느 특정 집단, 어느 특정 시기와 관련하여 언급한 것이 아니라, 통상적인 선민 이스라엘 백성과 그들 중 남은 자를 의미하는 말로 사용하였다. (미 1:5, 2:7, 12, 3:1, 9, 4:2, 7) 그런데 미가 5:3과 미가 5:7, 8에서 '남은 자'는 메시아와 연결되어서 그의 형제 가운데 남은 자, 야곱의 남은 자에 대해서 말씀하고 있다. 이것은 종말론적 의미를 가지고 있다. 메시아와 함께 하나님의 나라를 이룰 백성인 남은 자에 대해서 말씀하고 있는 것이다.

1. 이슬과 단비 같다.

1) 미가 5:7에서 야곱의 남은 자가 많은 백성 가운데 있다고 한다. 많은 백성이란 세상에 속한 많은 백성들을 가리키고 있다. 야곱의 남은 자가 세상과 함께 있다는 것이다. 세상과 함께 거하고 있다는 것이다. 그러면서 세상과 함께 있는 야곱의 남은 자의 역할을 강조하고 있다. 즉 두 가지를 말씀하고 있다.

2) 하나는 '이슬' 같다고 한다. 이슬은 긍정적인 의미로, 하나님의 은

혜를 표현하는 도구로 기록되고 있다(잠 19:12). 농작물을 자라게 하시는 하나님의 복의 수단으로 기록되기도 한다(신 33:28). 이슬은 단지 농작물을 자라게 하는 것만 아니라 사람들이 생명을 유지하는데 없어서는 안 되는 소중한 것이다.

3) 다른 하나는 '단비' 같다고 한다. 단비 역시도 하나님께서 채소를 잘 자라도록 하기 위해서 내리시는 하나님의 은혜의 선물로 기록하고 있다(신 32:2). 단비란 농사에 꼭 필요한 물을 대는 이른 비와 늦은 비를 지칭하는 것이다. 그래서 '여호와께로부터 내리는 이슬과 단비'라고 하며, 오직 하나님의 주권적인 능력에 의해서 이루어짐을 강조하고 있다.

4) 야곱의 남은 자들 그 자체가 이슬이나 단비와 같다는 말씀은 아니다. 야곱의 남은 자의 사명, 역할, 삶 자체가 이슬과 같고 단비와 같다는 것이다. 세상을 풍요롭게 하는 가장 근본적인 요소라는 것이다. 세상을 살리는 축복의 근원이 된다는 사실을 강조하고 있다. 진정한 야곱의 남은 자는 세상 사람이나 인생을 의지하는 자들이 아니고, 오직 하나님을 의지하여 도움을 베푸는 자들이라는 것을 강조하고 있다. 축복의 통로라는 것이다.

2. 사자 같고, 젊은 사자 같다.

1) 미가 5:7에서는 '야곱의 남은 자'가 많은 백성 가운데 있다고 했다.

그러나 미가 5:8에서는 '야곱의 남은 자'가 여러 나라 가운데와 많은 백성 가운데 있다고 하면서 폭을 넓히고 있다. '여러 나라'를 강조하고 있다. 세상 나라와 세상의 백성을 말씀하고 있다. 그러면서 수풀의 짐승들 중의 사자 같고, 양 떼 중의 젊은 사자 같다고 한다.

2) 야곱의 남은 자를 사자에 비유하고 있다. 사자는 모든 짐승들 중의 제왕적 위치에 있다. 백수의 왕 사자는 가장 위엄 있고, 두려운 짐승으로 군대에서 최강의 용사를 묘사할 때(대상 12:8, 사 5:29), 정복자를 묘사할 때(시 57:4, 겔 19:2-9), 특히 승리하는 이스라엘을 묘사할 때(민 23:24, 24:9)에 사용되고 있다. 그리고 유다 지파와 관련해서도, 창세기에서 야곱의 유언은 예언적 의미를 담고 있으면서, 유다의 자손들을 '사자 새끼'라고 한다(창 49:9). 유다 지파에서 강하고 위대한 정복자가 날 것임을 나타내고 있다. 그러므로 유다의 후손으로 다윗 왕국을 일컬을 수도 있고, 더 나아가서 궁극적으로 유다의 혈통에서 나신 메시아되신 예수 그리스도를 의미할 수도 있다.

3) '수풀의 짐승들 중의 사자'와 '양떼 중의 젊은 사자' 같다는 것은 세상의 어떤 나라보다도 더 강력하고 우월한 야곱의 남은 자, 그 누구도 무너뜨릴 수 없는 강대한 야곱의 남은 자가 세워지게 된다는 것이다. 강한 나라가 된다는 말씀이다. 미가 5:8에서 '안에'라는 '빼'(ㄱ)가 총 네 번 사용되고 있다. '열국들 중에, 백성들 중에, 짐승들 중에, 양 떼들 중에'라고 한다. 야곱의 남은 자들은 세상과 격리된 채로 살아가는 것이 아니라, 세상 가운데 세상 사람들과 더불어

살아갈 것임을 강조하고 있다. 세상 사람들과 함께 살아가는 존재들이다. 하지만 야곱의 남은 자는 세상 나라나 세상 사람들이 절대로 무너뜨리거나, 멸망시킬 수 없고, 오히려 세상을 굴복시키고 세상 가운데 뛰어나며 위대한 역할을 감당할 것을 아주 분명히 하고 있다.

4) 미가 5:7이 축복과 구원의 도구라면, 미가 5:8은 심판과 멸망의 도구에 대해서 말씀하고 있다. 이러한 사실을 미가 5:9을 통해서 다시 한 번 확인하고 있다. 5:9에서 '들려서'라는 말씀을 통해서 출애굽기에 모세의 손을 드는 행위를 연상케 하고 있다(출 9:22-23, 14:21-27, 17:9-13). 야곱의 남은 자들이 대적들과 모든 원수들로부터 철저하게 승리하고, 반대로 야곱의 남은 자들의 대적들과 모든 원수들은 철저하게 패배하게 될 것이라는 것이다. 완전히 진멸하게 된다는 것이다. 야곱의 남은 자가 최후 승리를 얻는다는 것이다. 종말론적인 완전한 승리를 말씀하고 있다.

> **결론** 미가서 5:7-9은 야곱의 남은 자에 대해서 말씀한다. 남은 자는 성경 전체에서 아주 중요한 말씀 중의 하나이다. 미가서도 남은 자에 대해서 말씀하고 있다.

1) 미가서의 남은 자에 대한 제일 첫 번째 말씀이 미가 2:12이다. 하나님께서 반드시 너희 무리를 다 모으신다는 것이다. 하나님께서 이스라엘의 남은 자 한 사람, 한 사람을 강조하고 있다. 모두 다 회

복시킬 것을 강조하고 있다.

2) 미가서의 남은 자에 대한 두 번째 말씀은 미가 4:7이다. 그 날에 대해서 말씀하시면서 저는 자, 쫓겨난 자, 환난을 받은 자를 남은 자로 말씀하고 있다. 그 남은 자를 강한 나라로 하시겠다고 한다.

3) 미가서의 남은 자에 대한 세 번째 말씀은 미가 5:3이다. 이스라엘을 다스릴 자, 메시아에 대한 말씀과 함께 그의 형제 가운데 남은 자를 말씀하고 있다.

4) 미가서의 남은 자에 대한 네 번째 말씀이 미가 5:7과 미가 5:8에서 나온다. 미가 5:7과 미가 5:8에서 '야곱의 남은 자는'(שְׁאֵרִית יַעֲקֹב)이라고 말씀하고 있다. 그것도 이스라엘을 다스릴 자, 메시아에 대한 말씀과 함께 야곱의 남은 자를 말씀하고 있다. 메시아와 함께 최종적으로 하나님의 나라를 이룰 백성으로 야곱의 남은 자에 대해서 말씀하고 있다. 종말론적 의미로 말씀하고 있다.

5) 그러면서 야곱의 남은 자와 미가 5:9의 '네 손이 네 대적들 위에 들려서'라는 말씀을 통해서 출애굽 모티브를 사용하고 있다. 야곱의 후손을 번성하게 하시고, 모세를 통해서 홍해 바다를 무사히 건너게 하심으로 출애굽하게 하셨다. 바벨론의 포로로 잡혀간 선민 이스라엘 백성을 기름 부음 받은 자 고레스를 통해서 70년 포로생활에서 귀환하여 예루살렘 성전을 다시 건축하게 하심으로 출바벨론 하게 하셨다.

6) 이러한 배경 속에서 이제 그 출애굽을, 출바벨론을 한 자들을 바

로 기름 부음 받은 자 메시아 즉 예수 그리스도가 죄에서 속량하신다. 그리고 출애굽하고, 출바벨론한 야곱의 남은 자를 구원하시고, 구원하실 뿐만 아니라, 야곱의 남은 자들을 세상에 세우시고, 그들에게 사명을 주시고, 마지막으로 최후의 승리를 얻게 하시고 있다. 따라서 야곱의 남은 자가 많은 백성 가운데서 행해야 할 역할과 사명, 그리고 누릴 축복과 승리에 대해서 말씀하고 있다. 이러한 사실이 미가 5:7-9에서 서로 이중적 구조로 평행을 이루고 있다.

결론 : 남은 자가 대적들을 물리칠 것이다.
A 미 5:7a 와우 계속법에 연결된 완료형 '하야' 동사(הָיָה) 이다.
　B 미 5:7c 목적을 나타내는 접속사 '아쉐르'(אֲשֶׁר)
A' 미 5:8a 와우 계속법에 연결된 완료형, '하야' 동사(הָיָה) 이다.
　B' 미 5:8c 목적을 나타내는 접속사 '아쉐르'(אֲשֶׁר)

7) 그러면 야곱의 남은 자가 감당해야 할 역할이 무엇인가? 최후에 누리는 축복이 무엇인가? 크게 두 가지로 말씀하고 있다. 첫째는 야곱의 남은 자의 이슬과 단비의 역할을 말씀하고 있다. 둘째는 야곱의 남은 자는 사자 같고, 젊은 사자 같다고 말씀하고 있다.

여호와께서 말씀하신다. '그 때에 내가 너희 말들을 없애 버리고 너희 전차들을
부숴 버리며'
And it shall come to pass in that day, saith the Lord, that I will cut off thy
horses out of the midst of thee, and I will destroy thy chariots:
미가 5:10

18

그 날에 이르러는

18 그 날에 이르러는

성경 : 미가 5 : 10 - 15

서론 미가서 1:1은 표제이며, 표제에 이어 미가 1:2-2:13이 첫 번째 큰 단락이다. '긴 심판과 짧은 구원'이다. '심판에서 구원으로'이다. 그리고 미가 3:1-5:15이 두 번째 큰 단락이다. 두 번째 큰 단락은 다시 두 부분으로 나눌 수 있다. 하나는 미가 3:1-12이다. 심판이다. 다른 하나는 미가 4:1-5:15이다. 구원이다. '짧은 심판과 긴 구원'이다. 역시 '심판에서 구원으로'이다.

---

1) 4장이 원문에는 접속사 '와우' 즉 '그러나'로 시작하고 있다.

우리말 개역개정에는 번역이 생략되어 있다. 미가 3:9-12에서 시온은 피로, 예루살렘을 죄악으로 가득 쌓이게 하였다. 그 결과 시온은 갈아엎은 밭이 되고, 예루살렘은 무더기가 되고 말았다. 황폐하게 되어졌다. 하나님의 심판을 받아 멸망당하고 있다. 그러나 미가 4;1-5에서 '끝날들'에 이르러서는 시온과 예루살렘이 다시 회복되어진다는 것이다.

2) 5장도 우리말 개역개정에는 미가 5:1로 되어 있는 구절이 히브리어 원문 즉 마소라 본문에서는 미가 4:14로 되어 있다.

4장의 마지막 구절로 되어 있다. 또 우리말 개역개정에는 미가 5:2로 되어 있는 구절이 히브리어 원문 즉 마소라 본문에서는 미가 5:1로 되어 있다. 우리말 개역개정은 미가 5:1를 4장과 연결된 것으로 보지 않고, 오히려 미가 5:1-2의 연관성을 위해서 그렇게 한 것 같다.

3) 물론 우리말 개역개정도 미가 5:2에 단락을 나누는 ○를 넣어 미가 5:1과 미가 5:2을 구분하고 있다.

하지만 히브리어 원문 즉 마소라 본문에서는 미가 5:1을 4장과 아주 밀접하게 연결시키고 있다. 그리고 미가 5:2은 우리말 개역개정에서 접속사를 생략하고 있지만, 원문에서는 접속사 '와우'(ⓘ)로 시작하고 있다. 우리말 개역개정의 미가 5:1과 미가 5:2은 서로 대조를 이루고 있다. 미가 5:1에서는 이스라엘 재판자, 인간 왕들의 죄악으로 인한 수치와 부끄러움을 말씀하고 있다. 막대기로 뺨을 맞는 조롱을 말씀하고 있다. 그러나 미가 5:2에서는 이스라엘을 다스릴 자가 베들레헴에서 탄생한다는 것이다. 메시아 시대의 도래를 말씀한다.

4) 그러면서 미가 5:10에서 우리말 개역개정과 다르게 '그 날에 이르러는…'하며 말씀을 시작하고 있다.

이것은 마치 미가 4:1에서 '끝날에 이르러는…'하며 말씀을 시작한 것과 같다. 그러나 여기서 '끝날'은 복수로 먼 미래에 이루어질 일에 대해서 말씀한 것이다. 미가 5:10의 '그 날에 이르러는…'은 미가

4:6의 '그 날에는'과 같이 단수로 최종적인 '그 날'에 이루어질 일에 대해서 말씀하고 있다.

5) 그런데 4장과 5장은 차이가 있다.

4장은 시온과 예루살렘의 회복의 관점에서 말씀하고 있다. 구약적 배경을 통해 말씀하고 있다. 그러나 5장은 이스라엘을 다스릴 자, 메시아와 관련하여 말씀하고 있다. 신약적 배경을 통해 말씀하고 있다. 메시아가 통치하는 최후의 완성의 '그 날'에 대해서 말씀하고 있다.

1. 내가 멸절하리라.

1) 미가 5:10-11에서 그 날에 대해서 '여호와께서 이르시되'라고 한다. 여기서 '이르시되'라는 말은 통상적으로 '아마르'(אָמַר)를 많이 사용한다. 그러나 미가 5:10에서는 '아마르'가 아니라 '네움'(נְאֻם)을 사용하고 있다(미 4:6). '네움'이라는 말은 그냥 말하는 것이 아니라, 선포된 말씀, 신탁, 선언된 명령을 의미한다.

2) 미가 5:7-9에서는 야곱의 남은 자들이 이슬과 단비같이, 사자와 젊은 사자 같이 되어서 마지막에 축복과 승리가 있을 것을 말씀했다. 이제 미가 5:10-11에서는 그 날에 있을 정화와 심판 사역에 대해서 말씀하고 있다. 여호와 하나님께서는 최후 심판을 통해 악인

들, 대적들, 모든 원수들을 진멸하시는 일을 주도적으로 행하신다. 동시에 여호와 하나님께서는 그 어떤 악도, 어떤 불신앙적 요소도 남지 않도록 하고 있다. 그런데 누구에게 그렇게 하시는지 분명하게 말씀하지 않는다.

3) 미가 5:10-11에서는 군사적 측면에서 말씀하고 있다. '내가 멸절할 것이다'라는 것이다. 무엇을? '너의 군마를 멸절할 것이다'는 것이다. 그리고 '내가 부술 것이다'라는 것이다. 무엇을? '너의 병거를 부술 것이다'라는 것이다. 어디에 있는 것을 멸절하고, 부술 것이라고 하는가? 바로 '너희 가운데에서'이다(미 5:10, 13, 14). 이것을 구조적으로 보면 다음과 같다.

    A '웨히크랏티 쑤쎄카'(그리고 내가 멸절할 것이다. 너의 말을)

      B '믹키르뻬카'(너의 안에서)

    A' '웨히아바드티 마르케보테카'(그리고 내가 부술 것이다. 너의 병거를)

4) 미가 5:11도 미가 5:10과 같이 '내가 멸절시킬 것'이라는 것이다. 무엇을? '땅의 성읍들을 멸절시킬 것'이라고 한다. 그리고 '내가 무너뜨릴 것'이라는 것이다. 무엇을? '네 모든 견고한 성을 무너뜨릴 것'이라고 한다. 여기 성읍과 성을 멸절시키고, 무너뜨리는 것은 두 가지 관점에서 해석이 가능하다. 하나는 역사적 관점이다. 다른 하나는 교훈적 관점이다.

2. 내가 빼버리리라.

1) 이렇게 미가 5:10-11에서 군사적 측면에서 말씀했다면, 미가 5:12-14에서는 종교적인 측면에서 말씀하고 있다. 미가 5:12에서 내가 끊을 것이라고 한다. 네 속에서 복술을 끊을 것이라고 한다. 과거 이스라엘 백성들이 저질러온 종교적 측면의 죄악을 강조하고 있다. 복술과 마술을 끊으시는 것이다. 점쟁이 즉 술사들을 없게 하시겠다는 것이다.

2) 미가 5:10에서는 내가 네 군마를 네 가운데서 멸절하실 것이라고 했다. 미가 5:11에서는 네 땅의 성읍들을 멸절하실 것이라고 했다. 이제는 미가 5:13은 미가 5:11-12에서처럼 하나님의 심판 행위의 연속성과 강력함을 강조하고 있다. 이러한 각운에 해당하는 부분을 직역하면 '내가 너의…를, 너의…를, 너의…를'이라고 할 수 있다. 여기서도 하나님께서 심판의 주체로 강조되는 동시에 너 즉 이스라엘의 문제점인 심판의 대상을 세 차례 연속하여 말씀하고 있다. 미가 5:13에서 '내가 멸절하실 것'이라는 것이다.

3) 무엇을 멸절하실 것이라고 하는가? '네가 새긴 우상과 주상을 멸절하시겠다'고 한다. 그러면서 '네가 손으로 만든 것을 다시는 섬기지 아니하리라'고 한다. 이렇게 미가 5:13에서는 우상이나 주상 즉 네 손으로 만드는 일반적 대상을 말씀했다면, 미가 5:14에서는 아세라 목상이라는 구체적 대상을 말씀하고 있다. '내가 빼버리겠다'는 것이다. 뿌리째 뽑아 버리겠다는 것이다. 무엇을 빼버리겠다고 하는가? 네 아세라 목상을 빼버리겠다는 것이다.

> **결론** 미가서 3:1-5:15은 두 번째 단락이다. 중심부이다. 이
> 부분도 심판에서 구원으로 향하고 있다. 심판이 중심이
> 아니라 구원이 중심이다. 심판이 목적이 아니라, 구원이
> 목적이다. 심판이 핵심이 아니라 구원이 핵심이다. 미가
> 4:1-5:15은 구원이다. 회복이다. 영광이다. 승리이다.

1) 4장과 5장은 차이가 있다. 4장은 시온과 예루살렘에 대한 구원과
   회복을 중심으로 말씀하고 있다. 구약적 배경 속에서 말씀하고 있
   다. 그러나 5장은 이스라엘을 다스릴 자, 메시아와 관련하여 말씀
   하고 있다. 마치 신약적 배경을 통해 말씀하고 있는 것 같다.

2) 우리말 개역개정의 미가 5:1은 마소라 본문에서 미가 4:14이 되
   어 4장의 끝을 맺고 있다. 이스라엘의 재판자, 막대기로 뺨을 맞는
   수치와 조롱과 부끄러움으로 끝맺고 있다. 그리고 우리말 개역개
   정의 5:2은 마소라 본문에서 미가 5:1이 되어 5장을 시작하고 있
   다. 이러한 수치와 조롱과 부끄러움으로부터 이제 새롭게 시작하
   기 위한 이스라엘을 다스릴 자, 메시아의 탄생에 대해서 말씀하고
   있다(미 5:2). 이어서 메시아 탄생의 결과로 이루어질 메시아 사역
   을 말씀하고 있다(미 5:3-6). 또 메시아와 함께 할 야곱의 남은 자
   (미 5:7-9)에 대해서 말씀하고 있다. 그리고 이제 메시아 통치로 인
   하여 최종적인 승리, 회복, 구원에 대해서 말씀하고 있다.

3) 미가 5:10은 '베하야 바욤 하후'(וְהָיָה בַיּוֹם הַהוּא)라고 하면서 '그날
   에 있으리니'라는 말씀으로 시작하고 있다. 미가 4:1은 '있으리니'

를 의미하는 '베하야'로 시작했고, 미가 4:6에는 '그 날에'를 의미하는 '바욤 하후'가 나온다. 또 미가 5:3, 5, 6에도 '베하야'가 나오고 있다. 이제 미가 5:10의 '그날에 있으리라'라는 말씀은 이제까지 나온 표현들을 종합한다고 볼 수 있다. 또한 미가 4:6의 '여호와의 말씀'(נְאֻם־יְהוָה)이 미가 5:10의 '여호와께서 이르시되'(נְאֻם־יְהוָה)로 그대로 이어지면서 말씀의 출처를 아주 분명하게 하고 있다.

4) 미가 5:10-15에서는 각 절마다 한 번 혹은 두 번씩 여호와 하나님을 주어로 삼는 1인칭 완료 동사를 사용하고 있다. 이것이 지금까지의 단락과 확연히 구별되는 점이다. 이전까지는 여호와 하나님의 행하심으로 말미암아 일어날 일과 새로이 등장하게 될 이스라엘을 다스릴 자와 세상의 변화를 기록했다면, 이제 미가 5:10-15에서는 여호와 하나님께서 직접 행하시는 일을 분명하게 말씀하고 있다. 그러면 미가 5:10-14에서 2인칭 남성 단수 '너'는 누구를 가리키느냐는 것이다. '열방들'을 가리킨다고 볼 수도 있지만, 이제까지 열방은 복수형으로 언급되었다.

5) 그러므로 4-5장에서 2인칭 남성 단수로 일관되게 언급된 딸 시온, 선민 이스라엘, 야곱의 남은 자로 보는 것이 타당할 것 같다. 미가 5:7-9에서는 메시아의 통치 하에 있을 야곱의 남은 자의 특성에 대해서 초점을 맞추면서 강조하였다. 이제 미가 5:10-15은 메시아의 통치 방식과 그 특성을 말씀하고 있다(슥 9:9-10). 시온에서 메시아의 통치를 통해 군사적으로 뿐만 아니라, 종교적으로 온전히 하나님의 주권이 세워질 것을 말씀하고 있다. 그 날에 메

시아의 통치하에서는 그런 죄들이 더 이상 설 자리가 없을 것이라는 것이다. 그로 인한 언약 파기도 더 이상 일어나지 않을 것을 강조하고 있다.

6) 미가 5:10-15은 하나님께서 자기 백성이 하나님을 의지하고 섬기는데 방해되는 것을 제거하실 것을 말씀하고 있다. 하나님께서 친히 그것을 이루심을 계속 강조하고 있다. '내가 할 것이다'라는 것이다(미 5:10, 12, 13, 14, 15). 이렇게 미가 5:10-14에서 그 날에 이르면 하나님께서 이스라엘 백성들을 정화하실 것을 말씀하고 있다. 이어서 미가 5:15에서 그 날에 하나님께서 심판하실 것을 말씀하고 있다. 내가 반드시 하시겠다고 한다. 내가 갚으리라고 한다. 내가 보복을 행하리라, 내가 원수를 갚으리라고 한다. 따라서 미가 5:10-15은 전적으로 하나님의 은혜로, 역사하심으로 그들이 온전히 정결해지고, 하나님의 진노와 심판에서 보호하심과 구원을 얻을 것임을 말씀하고 있다. 그러나 반대로 순종하지 않는 자, 나라들에게는 하나님께서 진노와 심판을 하실 것이다. 그대로 갚을 것이다.

너희는 여호와의 말씀을 들어라. 여호와께서는 나에게 그의 말씀을 대변하여 높은
산들과 낮은 산들이 다 듣게 하라고 말씀하셨다.
Hear ye now what the Lord saith; Arise, contend thou before the mountains,
and let the hills hear thy voice.
미가 6:1

19

너희는 들을지어다

성경의 중심

19 너희는 들을지어다

성경 : 미가 6 : 1 - 2

> **서론** 미가서는 크게 세 부분으로 나눌 수 있다. 먼저 미가 1:2
> 에서 '들으라'(שמעו)라고 시작하고 있다. 또 미가 3:1에
> 서 다시 '들으라'(שמעו)로 시작하고 있다. 그리고 미가 6:1
> 에서도 '들으라'(שמעו)로 시작하고 있다. 이렇게 미가서를
> '들으라'(שמעו)로 시작하는 것을 중심으로 크게 세 부분으
> 로 나눌 수 있다. 첫째, 1-2장이다. 둘째, 3-5장이다. 셋
> 째, 6-7장이다.

1) 미가 1:1 표제에 이어 미가 1:2-2:13이 첫 번째 큰 단락을 이루
고 있다. '긴 심판과 짧은 구원'이다. 그리고 미가 3:1-5:15이 두
번째 큰 단락을 이루고 있다. '짧은 심판과 긴 구원'이다.

미가서의 중심부이다. 소선지서의 중심부이며, 성경 전체의 중심이다.

2) 미가 6:1-7:20은 세 번째 큰 단락이다.

세 번째 큰 단락도 크게 두 부분으로 나눌 수 있다. 하나는 미가
6:1-7:6로 심판이다. 다른 하나는 미가 7:7-20로 구원이다. 그런데
여기에서는 심판과 회복에 대한 소망이 비슷한 비율로 구성되어 있
다. 그러면서 소망과 회복에 대한 말씀으로 끝을 맺고 있다.

3) 4-5장에서 보았던 미래에 도래할 무조건적인 하나님의 은혜, 하나님의 나라의 영광스런 회복에 대한 선포로부터 다시금 선민 이스라엘의 현재의 모습을 재조명하고 있다.

특별히 심판이 임박해 오는 그 시점에 선민 이스라엘이 어떠한 결단을 내려야 할 것인가를 촉구하는 말씀을 하고 있다. 따라서 6장의 전체적인 분위기는 미래의 소망이나 구원의 선포와는 거리가 멀고 다소 부정적이고 심판을 선언하는 쪽에 가깝다.

4) 2-3장은 그 당시 선민 이스라엘의 지도자들, 상류층 사람들이 얼마나 탐욕에 눈이 멀어 있었는지를 생생하게 기록하면서 심판의 당위성, 필요성을 밝히는데 주력했다.

이에 반해 6장은 새로운 방식으로 죄의 문제에 접근해 가고 있다. 단순히 과거의 주요 사건들을 기록하거나, 혹은 재진술하거나 일방적으로 심판을 선언하는 방식이 아니다. 선민 이스라엘의 죄악에 대하여 변론하며 논쟁하는 방식으로 기록하고 있다.

1. 여호와의 말씀을 들으라.

1) 미가 6:1을 시작하면서 '너희는 여호와의 말씀을 들을지어다'라고 한다. 그러면서 여호와 하나님께서 법정 소송을 하고 계신다. 재판관 즉 심판관은 하나님이시다. 고소인도 하나님이시다. 피고는 선

민 이스라엘 백성이다. 증인들 혹은 배심원들은 산과 작은 산들이다. 산들과 땅의 견고한 지대들이다.

2) 미가 6:1의 '너희'는 누구인가? 구체적으로 어떤 대상을 지칭하는지 불확실하다. 선민 이스라엘로 생각할 수도 있고, 미가 시대의 그 말씀을 듣는 청중들인 선민 이스라엘로 생각할 수도 있다. 그러나 대상보다 너희가 들어야 할 내용에 강조점이 있다. 무엇을 들어야 하는가? '여호와의 말씀'을 들으라는 것이다. 미가 4:6과 미가 5:10에서는 명령을 의미하는 '네움'이었지만, 여기 미가 6:1에서는 '아마르' 즉 통상적으로 말씀하시는 것이다.

3) 이제 들어야 할 내용이 무엇인가? 무엇을 말씀하고 있는가? '너는 일어나라'고 한다. 사명을 위해 일어선다는 의미이다. 그렇다면 '너'는 누구인가? 하나는 미가 선지자요, 다른 하나는 선민 이스라엘이다. 이어서 '너는 변론하라'고 한다. 그래서 산들과 언덕들이 네 말을 듣게 하라는 것이다. 변명할 말이 있으면 변명해 보라는 것이다. 산들과 언덕들이 다 지켜봤다는 것이다.

2. 여호와의 변론을 들으라.

1) 우리말 개역개정은 '들으라'는 말씀이 중간에 있지만, 원문은 미가 6:1과 미가 6:2에서 모두 맨 앞에 있다. 미가 6:2 역시도 '너희는 들으라'로 시작하고 있다. 그런데 미가 6:1에서는 '여호와의 말

쓰'(יְהוָה אָמַר)을 들으라고 한다. 그러나 미가 6:2에서는 '여호와의 변론'(רִיב יְהוָה)을 들으라고 한다.

2) 미가 6:1에서 '너는 일어나라' '너는 변론하라'고 했다. 이제 미가 6:2에서도. 이와 동일하게 '여호와의 변론'을 말씀하고 있다. 죄에 대해 고발하는 절차를 위해서 변론하는 것이다. 그러니 '여호와의 변론'은 미가 6:1의 '여호와의 말씀'과 같이 여호와께서 하시는 그 변론의 말씀을 들으라는 것이다. 하나님과 이스라엘 백성 사이에 이루어지는 변론이다. 하나님께서 이스라엘 백성과 서로의 잘잘못을 따져 물어보자는 것이다.

3) 그럼 여호와의 변론을 누가 들어야 하는가? 들어야 할 대상이 누구인가? '산들과 땅의 견고한 지대들아'라고 한다. 이들이 증인의 역할을 하고 있다. 배심원 역할이다. 왜 산들과 땅의 기초를 증인으로 삼아 여호와의 변론을 하고 있는가? 그 이유는 두 가지이다. 하나는 이스라엘의 죄에 대해 고발하는 절차를 거치는 것이다. 다른 하나는 이스라엘의 죄에 대해 심판하신다는 것이다.

결론 6장은 4-5장에서 말씀하셨던 미래에 도래할 무조건적인 하나님 나라의 영광스런 회복에 대한 말씀에서 이제 다시금 이스라엘의 현재의 모습을 재조명하고 있다. 임박해 오는 하나님의 심판에서 선민 이스라엘은 어떠한 결단을 내려야 하는가에 대해서 말씀하고 있다.

1) 6장에서는 지금까지와 전혀 다른 새로운 방식으로 선민 이스라엘의 죄에 대해서 말씀하고 있다. 일방적으로 심판을 선언하는 방식이 아니라, 변론하거나 논쟁하는 방식으로 새롭게 전개하고 있다. 법정 소송, 언약적 소송으로 진행하고 있다. 마치 법정에서 소송 절차를 진행하듯이, 소송하고 있다. 하나님 자신이 재판관이시며, 원고이시다. 이스라엘은 피고이다. 그 주변에 있는 산들과 작은 산들과 땅의 견고한 지대들은 증인이다. 배심원이다.

2) 그러면서 '너희는 들을지어다'라고 한다. 무엇을 들어야 하는가? '여호와의 말씀'을 들으라고 한다. 무엇하기 위해서 들어야 하는가? 순종하기 위해서 들어야 한다. 산들과 작은 산들이 하나님의 말씀에 순종하는 것과 같이 우리 역시 순종하기 위해서 들어야 한다.

3) 그리고 '여호와의 변론'을 들으라고 한다. 누구와 변론을 하고 있는가? 여호와께서 자기 백성과 이스라엘과 변론하는 것이다. 왜 여호와의 변론을 들어야 하는가? 자기 백성들과 이스라엘의 죄악을 고발하고 있기 때문이다. 이스라엘의 죄악을 숨길 수 없다. 하나님 자신과 산들과 땅의 견고한 지대가 다 알고 있다. 다 지켜봤다.

내 백성들아, 내가 너희에게 무엇을 하였느냐? 어째서 내가 너희에게 무거운 짐
이 되었는지 대답하라.

O my people, what have I done unto thee? and wherein have I
wearied thee? testify against me.

미가 6:3

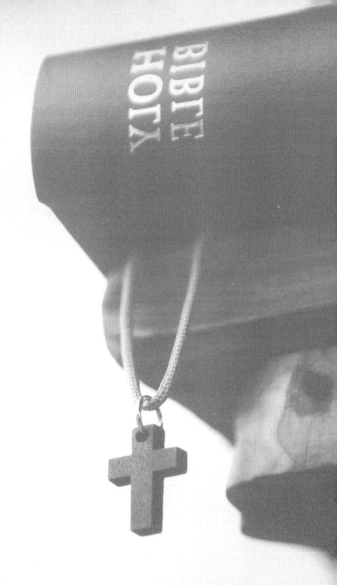

20

제발 내 백성아

20 제발 내 백성아

성경 : 미가 6 : 3 - 5

서론 미가서 6:1-7:20은 미가서의 세 번째 큰 단락이다. 이 부분을 다시 두 부분으로 나눌 수 있다. 하나는 미가 6:1-7:6로 심판이다. 다른 하나는 미가 7:7-20로 구원이다. 세 번째 단락 역시 '심판에서 구원으로'이다. 심판이 중심이 아니라, 구원이 핵심이다. 그 중에서 6장은 지금까지 1-3장의 선민 이스라엘의 심판과 좀 다르다. 지금까지는 선민 이스라엘의 죄악에 대해 심판의 필연성과 확실성을 중심으로 강조했다. 심판의 당위성을 밝히는데 주력했다.

1) 그러나 6장에서는 새로운 방식으로 선민 이스라엘의 죄를 고발하고 있다.

단순히 과거의 주요 사건들을 기록하거나, 재진술하거나, 일방적으로 심판을 선언하는 방식이 아니다. 선민 이스라엘 백성의 죄에 대해서 변론하거나, 논쟁하는 방식으로 기록하고 있다.

2) 미가 6:1-2에서 이제 제발 너희는 들으라고 한다.

무엇을 들어야 하는가? 첫째, 여호와의 말씀을 들으라고 한다. 산들과 작은 산들이 네 목소리를 듣게 하라고 한다. 증인의 역할로 선민 이스라엘과 대조를 통해 순종을 강조하고 있다. 둘째, 여호와의 변론을 들으라고 한다. 산들과 땅의 견고한 지대들이 증인의 역할을 하면서 선민 이스라엘에 대해 지켜 보고 있었다는 것이다. 죄를 고발하고 있다.

3) 이어서 미가 6:3은 '내 백성아'(עַמִּי)로 시작하고 있다.

그리고 미가 6:5에서도 '내 백성아'(עַמִּי זְכָר־נָא)로 시작하고 있다. 여기 '내 백성아'라는 말씀은 비록 선민 이스라엘이 하나님을 떠나 온갖 죄를 지었음에도 불구하고 하나님께서는 선민 이스라엘 백성들을 버리시지 않으시고 계속 자신의 백성으로 여기신다는 사실을 말씀하고 있다(출 32장, 호 1-2장).

4) 선민 이스라엘은 도저히 하나님의 백성이라고 할 수 없는 죄악의 덩어리, 골칫덩어리였다.

시온이 피로, 예루살렘이 죄악으로, 열방과 같이 불순종으로 행동하고 있는 선민 이스라엘이었다. 그럼에도 불구하고 '내 백성아'라고 하신다. 선민 이스라엘이 여전히 죄를 짓고, 죄를 깨닫지도, 알지도 못하지만 그럼에도 불구하고 여전히 '내 백성아'라고 하신다.

1. 너는 증언하라.

1) 미가 6:3에서 우리말 개역개정과 달리 원문은 '내 백성아'(עַמִּי)로 시작하고 있다. 물론 우리말 개역개정에는 하나님이라는 말씀이 없다. 그러나 하나님을 주어로 하는 1인칭이 미가 6:5까지 이어지고 있다. '내가'라고 한다. 그러니까 하나님이 변론하시는 내용 자체이다. 하나님은 선민 이스라엘을 향해 하나님의 행하심에 무슨 문제가 있었는지를 묻고 있다. 그러면서 하나님께서 두 번의 의문문으로 말씀하고 있다. 하나는 내가 무엇을 네게 행하였느냐는 것이다. 다른 하나는 내가 무슨 일로 너를 괴롭게 하였느냐는 것이다. '너는 내게 증언하라'고 촉구하고 있다. 너는 대답하라는 것이다. 이러한 두 번의 질문에 대해서 선민 이스라엘은 아무런 할 말이 없는 것이다.

2) 미가 6:4에서 우리말 개역개정과 달리 원문은 '접속사' '키'(כִּי)로 시작하고 있다. 일반적으로 이유를 나타내는 접속사이다. 때로는 강조를 나타내는 접속사로도 볼 수 있다. 진실로 하나님께서 선민 이스라엘을 괴롭힐 수가 있었느냐? 아니라는 사실을 강조하고 있다. 원문을 직역하여 어순에 따라 배열하면 다음과 같은 교차대칭 구조로 이루어져 있다.

  A 내가 너를 인도하였다.
   B 애굽으로부터
   B' 그리고 종들의 집으로부터

A' 내가 너를 속량하였다.

3) 하나님께서 선민 이스라엘을 인도하였다는 것이다. 그리고 하나
님께서 선민 이스라엘을 속량하였다는 것이다. 이렇게 미가 6:4a
에서 하나님께서 선민 이스라엘 백성들에게 행하신 일들 중 출애
굽 사건과 관련해 이스라엘 백성에게 베푸신 대속의 은혜를 강조
하고 있다. 그리고 미가 6:4b에서 이러한 일을 주도적으로 일한
사람을 기록하고 있다. 이러한 일을 주도한 사람이 바로 신실한 하
나님의 종들, 선민 이스라엘의 지도자들이라는 것이다. 그 지도자
들을 모세와 아론과 미리암이라고 한다. 그래서 '네 앞에 보냈느니
라'라고 한다. 매우 특별하고 중요한 사명을 맡겨 보냈다는 것이
다. 그래서 너는 내게 증언하라고 한다. 대답해 보라는 것이다.

2. 너는 기억하라.

1) 미가 6:3에서 '내 백성아'라고 시작했다. 미가 6:5도 '내 백성아'
라고 시작하고 있다. 그런데 차이가 있다. 그것은 '불변화사' '나
아'(נָא)라는 말씀이 있다. 물론 우리말 개역개정에서는 번역하지 않
고, 생략해 버렸다. 그러나 원문에는 분명히 '나아'가 있다. 이것은
미가 6:1에서처럼 제발, 원하건대, 청하건대, 이제 너희는 들으라
는 말씀이다. 들어도 되고, 안 들어도 되는 것이 아니라, 반드시 꼭
들어야 한다는 것이다. 선택이 아니라, 필수라는 의미이다. 미가

6:5에서도 제발 내 백성아, 이제 너는 기억하라는 것이다.

2) 선민 이스라엘 백성이 기억해야 할 사건은 두 가지이다. 첫째는 모압 왕 발락이 꾀한 사건이다(민 22:12). 둘째는 싯딤에서 길갈까지의 사건이다(민 25:1-15, 수 2:1, 3:1-17, 4:18-24). 그 위대한 하나님의 은혜, 놀라운 하나님의 은혜를 너는 반드시 기억하라는 것이다.

3) 우리말 개역개정은 '그리하면'이라는 결과적인 해석을 하고 있다. 그러나 원문은 '레마안'(לְמַעַן)으로 전치사 '리'(לְ)와 접속사 '마안'(מַעַן)이 함께 연결되어 있다. '마안'은 목적, 의도, 의향, 의지를 나타내고 있다. 그렇게 하신 목적이 무엇인지를 밝히고 있다. 그것은 그러한 일을 행하신 하나님이 공의로우신 분이라는 것을 알게 하기 위해서라는 것이다. '하나님이 공의로운 분이라는 것을 알리라'라고 한다. 구원행위로서 여호와의 의가 공의와 인애를 포함하고 있기 때문이다(미 6:8).

결론 6장에서 여호와의 말씀과 여호와의 변론이 선포되는 대상은 이스라엘 모든 백성이라고 할 수 있다. 그래서 '내 백성아'라고 미가 6:3과 미가 6:5에서 두 번이나 반복하고 있다. 여호와 하나님의 고소와 변론이다.

---

1) '내 백성아'라는 말씀에는 역설적 의미가 함께 있다. 선민 이스라엘이 하나님을 하나님으로 인정하지 않았다는 것이다. 하나님 대신에 허탄한 우상을 숭배하고, 하나님보다 이방 열국을 더 의지했다는 것이다. 하나님을 업신여기는 일을 무수히 자행하였다는 것이다. 하나님 앞에서는 있을 수 없는 배신 행위, 하나님을 괴롭게 하는 일을 저질렀다는 것이다. 그럼에도 불구하고 하나님은 여전히 '내 백성아'라고 하면서 '제발 내 백성아' 이제는 그만 하자는 것이다.

2) 그러면서 하나님은 두 가지를 말씀하고 있다. 첫째, '너는 내게 증거해 보라'는 것이다. 선민 이스라엘은 하나님의 은혜, 사랑 앞에서 아무런 할 말이 없다. 그런데 뭐 그리 할 말이 많으냐는 것이다. 모두들 무슨 불평과 원망과 불만이 그렇게도 많으냐는 것이다. 내가 너에게 베풀어준 출애굽의 사랑만 다시 되새기라는 것이다.

3) 둘째, '너는 기억하고 기억하라'는 것이다. 절대로 망각하지 말고, 잊지 말라는 것이다. 제발 다른 것은 다 잊더라도 이것만은 꼭 기억하라는 것이다. 출애굽에서 가나안 입성까지 하나님께서 베푸신 놀라운 은혜, 기적, 행하신 일을 기억하라는 것이다. 공의롭게 행하신 일을 꼭 잊지 말고 기억하라는 것이다. 하나님께서 베푸신 은혜를 매순간 기억하며 살아가야 한다는 것이다.

4) 하나님께서 이스라엘에게 베푸신 은혜의 선물을 4가지로 정리할 수 있다. 우리가 항상 입을 벌려 말해야 하고, 반드시 망각하지 않

고, 기억해야 할 은혜의 선물은 4가지이다. 첫째, 구속의 선물이다. 둘째, 지도자의 선물이다. 셋째, 축복의 선물이다. 넷째, 땅의 선물이다. 입술이 아니라, 행위로 하나님의 은혜에 무엇으로 보답할꼬 하면서 살아가는 것이다.

내가 무엇을 가지고 여호와 앞에 나아가 높이 계시는 하나님께 경배할까? 내가
불에 태워 바칠 번제물로 일 년 된 송아지를 가지고 그 앞에 나아갈까?
Wherewith shall I come before the Lord, and bow myself before the high
God? shall I come before him with burnt offerings, with calves of a year old?

미가 6:6

21

여호와께서

21 여호와께서

성경 : 미가 6 : 6 - 8

> **서론** 미가서 6장에서는 새로운 방식으로 선민 이스라엘의 죄를 고발하고 있다. 단순히 과거의 주요 사건들을 기록하거나, 재진술하거나 일방적으로 심판을 선언하는 방식이 아니다. 선민 이스라엘 백성의 죄에 대해서 변론하거나, 논쟁하는 방식으로 기록하고 있다. 법정 소송, 언약적 소송을 하고 있다. 재판관, 즉 심판관은 하나님이시고, 고소인, 원고도 하나님이시다. 그리고 피고, 피의자는 선민 이스라엘이다. 또 증인들, 배심원은 산들과 작은 산들과 땅의 견고한 지대들이다. 재판관이신 하나님께서 증인들을 법정으로 호출하고 있다. 법정에서 소송 절차를 진행하기 위해서 원고와 피고, 그리고 증인들을 세우는 것과 같다.

1) 6:1-2에서 '이제 제발 너희는 들으라'고 한다.

무엇을 들어야 하는가? 크게 두 가지이다. 첫째는 여호와의 말씀을 들으라고 한다. 제발 이제라도 여호와의 말씀을 듣고 순종하라는 것이다. 둘째는 여호와의 변론을 들으라고 한다. 제발 이제라도 여호와의 변론을 듣고 회개하라는 것이다.

2) 미가 6:3-5에서 '내 백성아'(미 6:3, 5)라고 시작하면서 내 백성
에게 두 가지를 말씀하고 있다.

첫째는 내 백성아 너는 내게 증언하라고 한다. 네게 할 말이 있으면
말해 보라는 것이다. 입이 있으면 말해 보라는 것이다. 그러나 선민
이스라엘은 아무런 할 말이 없다. 둘째는 내 백성아 너는 기억하고
기억하라고 한다. 곰곰이 생각 좀 해 보라는 것이다. 여기까지 온 것
을 기억해 보라는 것이다.

3) 이제 미가 6:6-8이다.

미가서 하면 떠오르는 것이 둘이 있는데, 하나는 베들레헴에서의
메시아 탄생이다(미 5:2). 다른 하나는 정의를 행하며 인자를 사랑하
고, 하나님과 겸손히 동행할 것을 말씀하고 있다. 바로 미가 6:6-8
에서 신실하신 하나님께서 이스라엘 백성들에게 구하시는 것이 무
엇인지를 묻고 대답하고 있다.

4) 따라서 미가 6:6a에서는 하나님께 드려야 할 것이 무엇인지 스스
로에게 묻는 형식을 취하고 있다.

이어서 미가 6:6b-6:7에서는 그것이 무엇인지에 대해 스스로 설의
적 표현을 사용하여 대답하는 형식을 취하고 있다. 그리고 미가 6:8
에서는 사람의 생각과 달리 하나님께서 원하시는 것이 무엇인지를
제시하고 있다.

1. 여호와께서 원하지 않는 것이다.

1) 미가 6:6을 시작하면서 사람이 하나님께 나아갈 때 무엇을 가지고 나아가며 무엇으로 하나님께 예배드려야 할 것인지를 묻고 있다. 여기서 '무엇'이라는 말씀과 '1년 된 송아지'가 서로 대구를 이루고 있다. 그 당시 선민 이스라엘 백성들은 하나님께 나아가는데 있어서 가장 중요한 요소를 제물이라고 여겼다. 선민 이스라엘 백성들의 생각에 하나님께 나아가기 위해 1년 된 송아지를 드리는 것이 좋다고 생각하였다는 것이다.

2) 성경에 1년 된 양으로 드리는 번제는 무수히 많지만(출 12:5, 29:38, 레 23:18, 민 7:17 등), 특별히 1년 된 송아지로 드리는 번제는 구약에서 첫 번째 제사장의 위임식 때 드려진 번제의 경우에만 말씀하고 있다(레 9:3). 그리 흔치 않는 일이다. 그러나 중요한 것은 형식적인 제물이 아니고 경배 그 자체이다. 진실된 마음보다는 물질적 제물에 치중하는 어리석은 태도에 사로잡혀있음을 강조하고 있다.

3) 미가 6:7은 의문사 '하(ㅎ)로 시작하고 있다. 하나님께 아무리 많은 제물을 드린다고 할지라도 혹은 아무리 귀한 제물을 바친다고 할지라도 제물만으로는 하나님을 기쁘시게 할 수 없다는 사실을 강조하고 있다. 이를 위해 먼저 제물의 수에 대해서 말씀하고 있다. '천천의 숫양'이라고 한다. '만만의 강 같은 기름'이라고 한다. 여기서 '천천'과 '만만'은 수에 상관없이 모두 매우 많음을 강조하고 있다(삼상 18:7). 하나님께서 제사를 열납하시는지의 여부는 제물

의 양에 의해 좌우되는 것이 아니다.

4) 그 다음으로는 이제 사람에게 있어서 자기 생명보다 더 소중한 존재인 자녀를 말씀하고 있다. 그것도 '맏아들'이라고 한다. 장자를 바친다고 한다(출 34:19). 그렇게 하는 이유는 '내 허물', '내 영혼의 죄' 때문에 '맏아들', '내 몸의 열매'를 드린다고 한다. 이것은 바른 제물이 무엇인지, 하나님과 인격적인 관계를 맺는 것이 무엇인지 모르는 무지에서 나온 것이다.

2. 여호와께서 진정 원하시는 것이다.

1) 미가 6:6-7은 하나님께서 원하시는 것이 무엇인지에 대해 선민 이스라엘 백성들 스스로 묻고 답하는 형식을 통하여 여호와 하나님에 대해 선민 이스라엘 백성들이 가진 잘못된 자세를, 오해를 깨닫게 하고 있다. 그리고 미가 6:8은 미가 선지자가 하나님께서 원하시는 것이 무엇인지를 계시를 통해 말씀하고 있다. 하나님께서 진정으로 원하시는 것은 한 마디로 '선한 것'이라고 한다. 왜냐하면 이는 미가 6:8b의 '여호와께서 구하시는 것'과 병행을 이루기 때문이다.

2) 하나님이 사람 즉 너에게 무엇이 선한 것인지를 알려주고 있다. 무엇이 선한 것이고, 여호와께서 너에게서 찾으시는 것이 무엇인지를 말씀하고 있다. 여호와 하나님께서 찾으시는 좋은 것, 선한 것이

무엇인가? 하나님께서 선민 이스라엘에게 원하시는 선한 것은 불의한 제물과 상반되는 정의로운 삶이다. 물질적으로 대단해 보이는 제물이 아니라, 하나님을 향한 사랑이다. 형식적이고 종교적인 율법 준수가 아니라, 삶에서 드러내는 인격적 변화가 따른 행동이다.

3) 이러한 여호와 하나님께서 원하시는 선한 것을 미가 6:8b에서 아주 구체적으로 말씀하고 있다. 우리말 개역개정은 모두 동사형으로 번역하고 있지만, 원문은 명사적 의미를 지닌 부정사형으로 기록하고 있다. 이것은 하나님께서 선민 이스라엘 백성들에게 요구하시는 행위가 무엇 무엇인지를 힘주어 강조하기 위해서이다. 그래서 미가 6:8을 시작하면서 '오직'이라는 말을 덧붙여 이어지는 내용이 바로 여호와 하나님께서 지금도 찾고 계시는 것임을 아주 두드러지게 하고 있다. 하나님께서 자기 백성에게 원하시는 것이 무엇인지를 세 가지로 밝히고 있다. 첫째, 오직 정의를 행하는 일이다. 둘째, 인자를 사랑하는 일이다. 셋째, 겸손하게 하나님과 동행하는 것이다.

> **결론** 미가서는 '들으라'는 말씀을 가지고 크게 세 부분으로 나눌 수 있다(미 1:2, 3:1, 6:1). 첫째는 1-2장이다. 둘째는 3-5장이다. 셋째는 6-7장이다. 그 중에 세 번째 큰 단락인 미가 6:1-7:20을 다시 두 부분으로 나눌 수 있다. 하나는 미가 6:1-7:6이다. 심판이다. 다른 하나는 미가 7:7-20이다. 구원이다. 세 번째 단락인 6-7장 역시 '심판에서 구원으로'이다.

1) 6장은 법정 소송, 언약 소송을 하고 있다. 그러면서 미가 6:1-2에서 '이제 제발 너희는 들으라'고 했다. 여호와의 말씀을 들으라는 것이다. 여호와의 변론을 들으라고 했다. 이어서 미가 6:3-5에서 '제발 내 백성아'라고 한다. 너는 증언하라고 한다. 너는 기억하라고 한다.

2) 그리고 미가 6:6-8에서 '여호와께서'라고 한다. 여호와 하나님이라는 말씀이 우리말 개역개정에서는 6번 나오고 있다. 그러면서 미가 6:3과 미가 6:5에서 사용한 의문사 '마'(מַה)가 미가 6:6과 미가 6:8에서도 사용되고 있어서 미가 6:1-5과 미가 6:6-8이 서로 연결되어 있다. 미가 6:3과 미가 6:5의 의문사는 하나님이 선민 이스라엘을 위해 하신 것을 가리킨다고 볼 수 있다. 그러나 미가 6:6에서 '내가 무엇으로 여호와 하나님께 나아갈까'를 말씀하시고, 미가 6:8에서는 하나님이 '무엇이 선한 것인지'를 보이신다는 점에서 미가 6:1-5과 대응이 되고 있다.

3) 하나님은 공의로우신 구원의 행동으로 선민 이스라엘을 대하신다는 것이다. 그러면 선민 이스라엘은 무엇으로 하나님께 나아가야 하는가? 하나님은 무엇이라고 알려주시고 있는가? 그래서 미가 6:6은 '내가…'(אֶקְדַּם)로 시작되고 있다. 그리고 미가 6:8은 '사람아…'(אָדָם)라고 시작하고 있다. 이러한 것을 통해서 선민 이스라엘, 혹은 이스라엘 사람 개개인의 잘못된 생각을 순식간에 산산히 흩어 버리고 계시는 것이다. 그러나 이 말씀은 전혀 새로운 말씀이 아니다. 이미 수없이 계속적으로 하신 말씀이다. 그럼에도 불구하

고 선민 이스라엘은 하나님에 대해서 잘못 생각하고 있다. 하나님이 요구하시는 것을 오해하고 있다.

4) 먼저 선민 이스라엘은 무엇으로 여호와 하나님께 나아가야 하는가? 미가 6:6b-7에서 세 가지 의문문으로 말씀하고 있다. 첫째는 내가 1년 된 송아지를 번제물로 가지고 나아갈까? 둘째는 여호와께서 천천의 숫양과 만만의 강 같은 기름을 기쁘게 받으실까? 셋째는 내가 나의 장자를 나의 죄악에 대해, 내 태의 열매를 내 생명의 속죄제물로 드릴까? 처음에는 1년 된 송아지의 번제, 다음에는 천천의 숫양, 만만의 강 같은 기름, 마지막에는 내가 낳은 맏아들이라고, 세 의문문이 점층적으로 배열되고 있다.

5) 그 다음 선민 이스라엘에게 하나님께서 무엇을 요구하고 있는가? 미가 6:8에서는 '무엇'을 의미하는 의문사가 두 번 사용되고 있다. 첫 번째 문장은 주어가 누구인지 분명치 않다. 그런데 두 번째 문장에서 여호와를 주어로 명시한 말씀이 이어지는 것을 통해 보면 첫 번째 문장 역시 주어가 여호와임을 알 수 있다. 여호와께서 진정으로 원하시는 것이 무엇인지를 말씀하고 있다. 선한 것 즉 정의를 구하고, 인자를 사랑하고, 겸손히 하나님과 동행하는 것이라고 한다. 한마디로 하나님의 속성을 닮아 하나님처럼 행동하라는 것이다(호 12:7, 암 5:15, 신 10:12-15, 마 23:23).

예루살렘 사람들아, 여호와께서 너희 성을 향해 외치시는 말씀을 들어라. 여호와를
두려운 마음으로 섬기는 것이 참 지혜이다. '성 안에 있는 모든 사람들아, 들어라!
너희를 매로 치기로 작정한 자가 누구냐?

The Lord's voice crieth unto the city, and the man of wisdom shall see thy
name: hear ye the rod, and who hath appointed it.

미가 6:9

22

여호와께서 외쳐
부르시나니

22 여호와께서 외쳐 부르시나니

성경 : 미가 6 : 9 – 16

> **서론** 미가서는 크게 세 단락으로 나눌 수 있다. 미가 1:2의
> '들으라'(שׁמעו)와 미가 3:1의 '들으라'(שׁמעו)와 미가 6:1의
> '들으라'(שׁמעו)를 중심으로 첫째 단락은 1-2장이다. 둘째
> 단락은 3-5장이다. 셋째 단락은 6-7장이다. 셋째 단락
> 미가 6:1-7:20은 다시 두 부분으로 나눌 수 있다. 하나
> 는 미가 6:1-7:6이다. 심판이다. 다른 하나는 미가 7:7-
> 20이다. 구원이다. 셋째 단락인 6-7장 역시 '심판에서 구
> 원으로'이다. 그 중에 6장은 새로운 방식으로 선민 이스
> 라엘의 죄를 고발하면서 법정적 소송, 언약적 소송을 하
> 고 있다.

1) 미가 6:1-2에서 '이제 제발 너희는 들으라'고 한다.

무엇을 들어야 하는가? 첫째, 여호와의 말씀을 들으라고 한다. 둘째, 여호와의 변론을 들으라고 한다.

2) 미가 6:3-5에서 '제발 내 백성아'라고 한다(미 6:3, 5).

내 백성에게 두 가지를 말씀하고 있다. 하나는 내 백성아 너는 내게 증언하라고 한다. 다른 하나는 내 백성아 너는 기억하고 기억하라고 한다.

3) 미가 6:6-8에서 '여호와께서'라고 하면서 선민 이스라엘에게 원하시지 않는 것을 말씀하고 있다.

여호와께서 진정으로 원하시는 것을 말씀하기 전에 먼저 여호와께서 원하시지 않는 것을 말씀하고 있다. 선민 이스라엘은 무엇으로 여호와 하나님께 나아가야 하는가? 높으신 하나님께 경배해야 하는가? 이에 대해서 미가 6:6b-7에서 세 가지 의문문으로 말씀하고 있다. 첫째는 내가 1년 된 송아지를 번제물로 가지고 나아갈까? 둘째는 여호와께서 천천의 숫양과 만만의 강 같은 기름을 기쁘게 받으실까? 셋째는 내가 나의 장자를 나의 죄악에 대해, 내 태의 열매를 내 생명의 속죄 제물로 드릴까? 세 의문문이 점층적으로 배열되어 있다. 그러면서 여호와께서 원하시는 것은 제물이 아니라는 것이다. 제물이 아니라 마음이라는 것이다. 상한 심령이라는 것이다. 순종이라는 것이다.

4) 그 다음 여호와께서 진정으로 원하시는 것을 말씀하고 있다.

선민 이스라엘에게 하나님께서 무엇을 요구하고 있는가? 미가 6:8에서는 '무엇'을 의미하는 의문사가 두 번 사용되고 있다. 첫 번째 문장은 주어가 누구인지 분명치 않다. 그런데 두 번째 문장에서 여호와를 주어로 명시한 말씀이 이어지는 것을 보면 첫 번째 문장 역시 주어가 여호와임을 알 수 있다. 여호와께서 진정으로 원하시는 것이 무엇인지를 말씀하고 있다. 그것은 바로 선한 것이다. 토브이다. 이러한 선한 것을 세 가지로 말씀하고 있다. 즉 오직 정의를 구하고, 인자를 사랑하고, 겸손히 하나님과 동행하는 것이라고 한다. 이것을 한마디로 말하면 하나님의 속성을 닮아 하나님처럼 행동하라는 것이다. 하나님이 기뻐하시는 것, 하나님의 영광을 위해서 살아가는 것을 말씀하고 있다.

5) 미가 6:9-16은 선민 이스라엘의 악행과 타락에 대해서 지적하면서 그에 상응하는 심판이 임할 것을 경고하는 내용을 말씀하고 있다.

여호와 하나님께서 재판장의 자격으로 선민 이스라엘 백성들을 재판정으로 소환하여 부르시는 형식으로 되어 있다. 그래서 '여호와께서 외쳐 부르시니'라고 한다.

1. 이스라엘의 악행(고발)이다.

1) 미가 6:9에서 여호와 하나님께서 외쳐 부르시고 있다. 성읍을 향하여 외쳐 부르시고 있다. 성읍은 예루살렘을 상징한다. 좀 더 구체적으로 말하면 그 예루살렘 성 안에 속한 선민 이스라엘을 가리키는 말씀이다. 무엇 때문에 부르시고 있는가? 그것은 재판장이 피고를 법정으로 소환하는 사법적 의미로 부르시는 것이다. 최고의 재판장, 곧 하나님께서 왕으로서 권위를 가지고 범죄한 선민 이스라엘을 부르시고 있다. 이어서 여호와 하나님의 심판이 확정되었음을 선언하고 있다. '너희는 매가 예비되었다'고 한다.

2) 미가 6:10-12에서 주로 제시되는 심판의 이유는 경제적 부패이다. 미가 6:10에서 선민 이스라엘을 악인이라고 하면서 두 가지를 지적하고 있다. 불의한 재물을 모은 것과 축소시킨 가증한 에바이다. 이어서 미가 6:11에서는 부정한 저울과 거짓 저울추이다. 그리고 미가 6:12에서 강포와 거짓이다. 이들이 누구인가? 부자들이다.

3) 이것은 강한 자가 약한 자를 짓밟고 뭉개는 것과 자기의 목적을 위해 타인을 죽이는 무지막지한 폭력을 행하는 것을 의미한다. 따라서 부자들의 강포는 단순한 폭력만 아니라, 자신의 치부를 위해서 사람을 죽이는 수준에까지 이르렀음을 말씀하고 있다. 이러한 것이 일부 부자들, 권력층, 부유층에서만 행해진 것이 아니라, 일반 주민들에게도 일상적이었다. 그곳에 거하는 일반 백성들도 역시 거짓을 말하게 되었다. 거짓이라는 말씀을 두 번이나 강조하면서 당시 선민 이스라엘 백성들과 일반 백성들 역시 입을 벌려 말하고 혀를 굴려 소리를 내는 모든 것이 하나같이 거짓되다는 것이다.

2. 이스라엘의 형벌(심판)이다.

1) 이렇게 미가 6:9-12은 여호와 하나님께서 선민 이스라엘을 재판정으로 부르신 뒤에 그들의 죄악을 지적하고 있다. 이어지는 미가 6:13-15은 선민 이스라엘의 죄악에 상응하는 심판을 선고하고 있다. 미가 6:13에서 '그러므로 나도 너를 쳐서' 심판한다는 것이다.

하나님께서 결코 이 백성을 용서하지 않으실 것이며, 용서하실 수도 없다는 사실을 강조한다. 그 결과 여호와 하나님께서 반드시 심판 선고를 하신다는 것이다.

2) 그것도 '네 죄로 말미암아'이다. 죄의 결과로 말미암아 그렇게 심판을 받는다는 것이다. '병들게 하였으며' 또 '황폐하게 하였나니'라고 하면서 미래에 내려질 심판에도 불구하고 예언적 완료형으로 이미 이루어진 심판으로 말씀하고 있다. 반드시 이루어질 것을 강조하고 있다.

3) 미가 6:14에서 선민 이스라엘에게 내려지는 형벌 중 굶주림은 경제적 측면과 관련된 형벌이다. 이러한 형벌은 미가 6:10-11에서 언급된 선민 이스라엘의 경제적 범죄와 관련된 형벌이라고 할 수 있다. 선민 이스라엘 사회에서 부자들은 더 많은 재물을 얻기 위해 가난한 자들을 착취하여 많은 재물을 모았지만, 그 재물들이 결코 그들을 배부르게 하지 못할 것이라는 사실을 강조하고 있다. 경제적 범죄에 상응한 경제적 제재와 형벌을 말씀하고 있다.

4) 미가 6:14에서는 부자들이 소유를 모두 빼앗기게 될 것이라고 한다. 미가 6:15에서는 곡식이나 열매의 수확 자체가 불가능하다고 한다. 미가 6:14보다 미가 6:15이 한 층 더 강한 의미이다. 미가 6:16은 미가 6:9-16의 단락을 마감하면서 다시 한 번 선민 이스라엘의 타락과 그에 상응하는 심판 집행을 포괄적으로 재차 강조하고 있다. 그럼에도 불구하고 하나님께서는 '내 백성'이라고 부르고 있다. 희망의 불씨를 남겨 놓고 있다.

미가서의 세 번째 단락(미 6:1-7:20)은 선민 이스라엘 백성에 대한 심판(미 6:1-7:6)과 구원에 대한 소망(미 7:7-20)이 비슷한 비율로 구성되어 있다. 미가서는 심판과 멸망으로 시작하여, 결국 구원과 회복으로 마무리를 하고 있다.

1) 6장은 크게 두 부분으로 나눌 수 있다. 먼저는 미가 6:1-8이다. 하나님의 선민 이스라엘에 대한 법정적 소송, 언약적 소송 방식을 취하고 있다. 이 부분은 크게 세 부분으로 나눌 수 있다. 첫째는 미가 6:1-2에서 '이제 제발 너희는 들으라'고 한다. 둘째는 미가 6:3-5에서 '이제 제발 내 백성아'라고 한다. 셋째는 미가 6:6-8에서 '여호와께서'라고 하면서 여호와께서 원하시지 않는 것과 여호와께서 원하시는 것이 무엇인지를 말씀하고 있다.

2) 그 다음은 미가 6:9-16이다. '여호와께서 성읍을 부르신다'는 말씀으로 앞 부분(미 6:1-8)과 구분되면서 하나의 단락을 이루고 있다. 미가 6:9-16은 피고 즉 선민 이스라엘에게 유죄 판결과 형을 선고하는 부분이라고 할 수 있다. 하나님의 요구대로 살지 못한 백성에 대한 언약적 저주가 선언되고 있다. 심판을 통한 언약적 파기가 선언되고 있다(미 1:10-16).

3) 미가 6:9-16은 미가 1:10-16과 서로 짝을 이루고 있다(미 1:11, 16). 미가 6:9-16은 미가 6:9에서 상대방을 부른 다음에 미가 6:10-12에서 선민 이스라엘의 죄를 지적하면서 심판의 근거를 제

시하고 있다. 그 죄의 결과로 미가 6:13-15에서는 심판을 선고하고 있다. 동일한 패턴을 5번이나 반복하면서, 구문론적 평행법의 빈번한 사용을 통해 단락의 클라이맥스를 제시하고 있다. 이어서 미가 6:16에서 다시 정죄와 심판 선고를 요약 형식으로 마무리하고 있다. 이러한 부분을 구조적으로 보면 다음과 같다.

  A 미 6:9 시작/ 서언, 부름 - 들으라
    B 미 6:10-12 심판의 근거 – 사회적, 경제적 죄악
    B' 미 6:13-15 심판의 선고 – 인과응보, 자업자득
  A' 미 6:16 요약/ 결론, 파기 – 담당하리라

4) 북쪽 이스라엘 즉 오므리와 아합 집은 하나님 중심의 길을 버리고 사람이 중심이 되는 인본주의의 길을 갔다. 그러한 인본주의의 끝이 바로 수치와 파멸임을 말씀하고 있다. 그러므로 인본주의를 경계하고, 신본주의를 따라야 한다.

5) 미가서 6장 전체를 구조로 분석하면 다음과 같다.

  미 6:1-2 P 서언-여호와 법정의 개정 선언
  미 6:3-5 　A 과거에 베푸신 여호와의 은혜 회고
  미 6:6-7 　　B 백성들의 질문을 통한 현재 선민의 불신앙 지적
  미 6:8 　　　M 선민을 향한 여호와의 요구
  미 6:9-12 　　B' 여호와의 질문을 통한 현재 선민의 불신앙 지적
  미 6:13-15 A' 미래에 베푸실 여호와의 심판 선언
  미 6:16 　E 결언-여호와의 심판 집행의 포괄적 재 강조

정말 내 신세가 처량하게 되었다. 나는 추수 때가 지난 후에 포도와 무화과를 따려는 사람과 같아서 먹을 포도송이도 없고 내가 갈망하던 처음 익은 무화과도 없어지고 말았다.

Woe is me! for I am as when they have gathered the summer fruits, as the grapegleanings of the vintage: there is no cluster to eat; my soul desired the firstripe fruit.

미가 7:1

23

재앙이로다 나여

23 재앙이로다 나여

성경 : 미가 7 : 1 - 6

> **서론** 미가서 6장에서는 먼저 여호와 하나님께서 선민 이스라
> 엘 타락의 부당성을 변론하며, 선민 이스라엘을 향하여
> 정의와 인자, 겸손히 하나님과 동행할 것을 권면하고 있
> 다(미 6:1-8). 이어서 선민 이스라엘 사회의 타락과 악행
> 을 지적하며 이에 상응하는 심판 집행을 경고하는 내용
> (미 6:9-16)으로 되어 있다.

1) 6장에 이어지는 7장에서는 미가 1-3장과 6장에서 고발한 참담
   한 선민 이스라엘의 현실을 배경으로 하고 있으며 그들에 대해
   탄식하고 있다. 현실에 대한 고발과 그에 대한 탄식으로 시작하
   고 있다.

2) 이러한 7장은 크게 두 부분으로 나눌 수 있다.

   전반부(미 7:1-13)와 후반부(미 7:14-20)로 나눌 수 있다. 7장의 전
   반부인 미가 7:1-13은 다시 미가 7:1-6과 미가 7:7-13로 구분될 수
   있다. 그런데 우리말 개역개정은 미가 7:7을 시작하면서 단락을 나
   누는 ○를 넣어 미가 7:7-13을 하나의 단락으로 보고 있다. 하지만
   미가 7:7은 앞 부분과 뒷 부분을 서로 연결해 주는 교량 역할을 하

고 있다. 미가 7:14도 마찬가지이다. 이것은 심판(미 6:1-7:6)을 넘어 구원(미 7:7-20)으로 향하기 때문이다.

3) 따라서 미가 7:1을 시작하면서 '재앙이로다 나여'라고 한다.

1인칭 단수로 미가 선지자 개인으로도 볼 수 있지만, 선민 이스라엘을 대표하는 '나'라고 볼 수도 있다. 그것은 미가 7:4에서 '…그들의 파수꾼들의 날 곧 그들 가운데 형벌의 날이 임하였으니'라고 하면서 개역개정은 그들이라고 하지만, 원문은 단수로 '너'이다. 그들 앞에 각주 표시가 있어 난외주로 가서 보면 히, '너'로 되어 있다. 여기 '너'는 물론 미가 선지자로도 볼 수 있지만, 미가 선지자를 포함하는 선민 이스라엘을 가리키는 것으로도 이해할 수 있기 때문이다. 결국 '나'와 '너'라는 개인을 내세워 선민 이스라엘에게 임한 참담한 현실을 고백하고 탄식하며 하나님이 행하실 구원을 확신하고 소망하고 기대하는 것이다.

1. 나는 없도다.

1) 미가 7:1을 새롭게 시작하면서 '재앙이로다 나여'라고 말씀하고 있다(욥 10:15). '나여'에 해당하는 '리'(ֿלִי)는 문자적으로 '나에게'라는 의미다. 쉬운 성경은 '내게 화가 있도다!' 라고 번역하고 있다. 그런데 70인역(LXX)은 '슬프다'라는 의미로 번역하고 있으며 (Alas for me!), 공동번역은 '아 답답하구나'라고 번역하고 있다. 즉

선민 이스라엘의 타락으로 인해 재앙과 저주가 내리는 상황과 그러한 상황에 대한 탄식과 슬픔을 나타내고 있다.

2) 한편 미가 7:1에서 사용된 1인칭의 표현은 그 자신을 현재 범죄를 자행하고 말씀에 불순종함으로써 심판의 위기에 처한 선민 이스라엘과 미가 선지자 자신을 동일시하고 있음을 보여주고 있다. '나'는 두 가지 경우로 해석할 수 있다. 먼저는 여름에 과일을 추수하는 사람 혹은 포도를 수확하려는 사람이라는 의미로 보는 경우이다. 그 다음은 추수가 모두 이루어져 더 이상 수확할 것이 남아 있지 않은 열매 없는 밭으로 보는 경우이다. 그리고 미가 7:1b의 '나' 역시 선지자 미가 자신을 선민 이스라엘 전체와 동일시한 표현이라고 할 수 있다.

3) 이것은 농부들이 예상하고 기대했던 바와 달리 아무런 열매도 발견할 수 없는 현실을 탄식하고 있다. 열심히 농사를 지었고, 그에 마땅한 결실을 기대했으나 수확을 예상한 밭에서 아무것도 거둘 수 없는 농부의 참담함을 빌려, 선민 이스라엘의 농부이신 하나님 앞에서 마땅히 맺어야 하는 열매를 전혀 맺지 못한 현실을 그대로 고발하고 있다(사 5:1-7, 레 19:9-10).

4) 미가 7:1이 불의한 선민 이스라엘 사회를 열매를 맺지 못하는 나무로 묘사하는 폭넓은 비유라면, 미가 7:2은 직접 사람들에 대한 자세한 묘사를 통하여 선민 이스라엘 사회의 불의를 좀 더 구체적으로 묘사하는 내용이다. 경건한 자가 세상에서 끊어졌다. 정직한

자가 사람들 가운데 없다는 것이다. 무리가 다 피를 흘리려고 매복하고 있다. 미가 7:3에서는 두 손으로 악을 부지런히 행한다는 것이다. 뇌물을 구하는 지도자와 재판관은 탐욕으로 서로 결합되어 있다. 미가 7:4에서는 백성들을 보호하고 억울함을 풀어주어야 할 관원들이 오히려 백성들을 찌르고, 괴롭게 하는 가시가 되고 있다. 한마디로 의인이 하나도 없다. 하나님을 닮아 하나님처럼 행하는 사람이 전혀 없다. 의인을 찾아 보기 힘든 선민 이스라엘이다.

2. 신뢰가 없다.

1) 미가 7:1-4a은 여호와의 엄정한 심판을 초래하는 선민들의 타락상에 대하여 선지자 미가가 고뇌를 토로하는 내용이다. 이제 미가 미가 7:4b-6은 이처럼 불의를 자행하는 선민 이스라엘들에게 심판의 날이 도래할 것과 그 날의 양상에 대하여 묘사하는 내용이다. 이 날을 파수꾼들의 날이라고 하면서 하나님의 심판의 날이 임하였음을 선포하고 있다. 예언적 완료형으로 기록하고 있다. 그들이 혼란에 빠질 때가 되었다는 것이다.

2) 미가 7:4에서 '그들'에 대해서 말씀했다가, 미가 7:5에서는 '너희'에 대해서 말씀하고 있다. 한마디로 그들을 믿지 말라고 한다. 이웃과 친구와 네 품에 누운 여인이라도 결코 믿을 수 없다는 것이다. 자신 말고는 아무도 믿을 수 없는 불신 사회로 전락하였다.

3) 미가 7:6은 그들이 서로를 믿지 말아야 할 이유는 서로가 서로를 멸시하고 대적하여 원수가 될 것이기 때문이라고 한다. 사람의 원수가 곧 자기 집안 사람이기 때문이다(마 10:36). 사람과 사람들 사이의 관계, 그것도 서로 믿고 의지하고 의지가 되어 주어야 할 가족 관계까지도 파괴될 것이라는 것이다. 이와같이 하나님과의 관계가 바르지 않는 사람들이 사는 사회는 이기적 욕망을 위해 치달음으로 인해 온전할 수 없으며, 그 끝은 심지어 가장 절친하고 자기 몸처럼 아끼고 사랑해야 할 가족 간의 관계마저도 원수 관계처럼 변질시키고 마는 것이다. 믿을 수 없는 사회, 신뢰가 깨어진 사회이다.

결론 미가서 세 번째 단락은 미가 6:1-7:20이다. 크게 두 부분으로 나눌 수 있다. 하나는 미가 6:1-7:6이다. 심판이다. 다른 하나는 미가 7:7-20이다. 구원이다. 서로의 비율이 비슷하다. 하지만 문맥상으로 심판에서 구원으로 향하고 있다. 심판이 중심이 아니라, 구원이 핵심이다. 심판을 통한 구원, 회개를 통한 회복을 말씀하고 있다.

1) 미가 6:1-7:6은 심판이다. 미가 7:1을 시작하면서 '재앙이로다 나여'라고 한다. 미가 선지자뿐만 아니라, 선민 이스라엘에게 재앙이라는 것이다. 파수꾼들의 날, 형벌의 날이 임하였다는 것이다. 물론 아직 임하지 않았지만, 이미 하늘에서 시작되어 곧 임하게 되는 것이다. 예언적 완료형을 사용하고 있다.

2) 진정한 재앙, 형벌, 심판은 무엇인가? 미가 7:1-6을 통해 크게 두 가지로 말씀하고 있다. 하나는 은혜가 없고, 의인이 없다는 것이다. 여름 과일을 딴 후와 포도를 거둔 후 같아서 먹을 포도송이가 없으며, 처음 익은 무화과가 없다는 것이다. 하나님의 은혜를 베푸는 사람이 없다는 것이다. 하나님의 말씀대로 살아가는 의로운 사람들이 없다는 것이다. 그래서 경건한 자, 정직한 자가 없다. 의인이 없다. 의인을 찾아 보기가 힘들 지경이다. 그러면서 반대로 처처에 악인들이 우글거리고 있다. 지도자, 재판관, 권세자들이 부정과 부패로 탐심만 가득 차 있다. 그러므로 진정한 재앙은 바로 하나님의 은혜를 받아 누리면서 은혜를 베풀지 못하는 것이다. 하나님의 말씀대로 살아가는 의로운 자가 없는 것이 재앙이다.

3) 다른 하나는 신뢰가 없고, 믿음도 없다는 것이다. 혈연적 가족 관계로 맺어진 친밀한 관계, 아무리 가까운 관계라 할지라도 멸시하며, 대적하며, 사람의 원수가 멀리 있는 것이 아니라, 가장 가까이 있다는 것이다. 신뢰할 수 없다는 것이다. 믿을 수 없다는 것이다. 전부 불신하고, 의심하고, 뭐 하나 확신할 수도 없다. 그러면서 서로가 서로를 미워하고, 멸시하고, 대적하고 있다. 원수가 가장 가까이 있다. 그러므로 진정한 재앙은 하나님을 믿으면서도 서로를 믿지 못하는 것이다. 하나님의 백성들이 서로 신뢰하지 못하는 것이 재앙이다. 서로 믿고 신뢰하면 얼마나 좋은가? 서로 믿고 신뢰하고 네 것 내 것 없이 서로 나누면 행복한 세상이 될 수 있다. 그러므로 우리는 서로를 신뢰할 수 있도록 노력해야 한다. 오해보다 이해를 하면서 살아야 한다. 복음 안에서 말이다.

그러나 나는 여호와를 우러러보며 내 구원의 하나님을 바라보겠다. 하나님이 내
기도를 들으실 것이다.

Therefore I will look unto the Lord; I will wait for the God of my salvation:
my God will hear me.

미가 7:7

24

나의 대적이여

24 나의 대적이여

성경 : 미가 7 : 7 - 13

> **서론** 미가서 세 번째 단락은 미가 6:1-7:20이다. 이 부분은
> 다시 둘로 나눌 수 있다. 하나는 미가 6:1-7:6이다. 심판
> 이다. 다른 하나는 미가 7:7-20이다. 구원이다.

1) 6장은 크게 두 부분으로 나눌 수 있다. 첫째는 미가 6:1-8로 법
   정 소송 방식을 통해 선민 이스라엘의 죄를 고발하면서, 여호와
   하나님께서 이스라엘 백성들에게 요구하시는 것이 무엇인지를
   확실하게 밝히셨다.

   여호와께서 기대하시는 것, 좋아 하시는 것은 바로 선한 것이다. 선한
   것은 오직 정의를 행하며, 인자를 사랑하며, 겸손하게 하나님과 함께
   행하는 것이다. 한마디로 하나님을 닮아 하나님처럼 행하는 것이다.

2) 둘째는 미가 6:9-16로 피고 즉 선민 이스라엘에게 유죄 판결과
   형을 선고하고 있다.

   하나님의 요구대로 살지 못한 선민 이스라엘 백성들에게 언약적 저
   주가 선언되고 있다. 심판을 통한 언약적 파기가 선언되고 있다. 심
   판의 근거는 불의, 부정, 가증, 강포, 거짓, 속임수이다. 그 심판의

선고는 인과응보, 자업자득으로 병들게 되고, 황폐하게 되고, 헛수고, 헛고생하여, 결실도 없고, 열매도 없다는 것이다. 그것은 오므리 왕조와 아합 왕과 같이 하나님 중심의 길을 버리고, 사람이 중심이 되는 인본주의적인 길을 갔기 때문이다(미 6:16).

3) 7장을 시작하면서 미가 7:1에서 '재앙이로다 나여'라고 한다.

그것은 미가 7:4의 '그들(너)의 파수꾼들의 날 곧 그들(너) 가운데에 형벌의 날이 임하였으니…'라는 말씀 때문이다. 그렇다면 재앙이란 무엇인가? 물론 애굽 왕 바로에게 내린 10가지 재앙도 재앙이다. 물리적 재앙도 재앙이다. 그러나 그 보다 더 심각한 재앙은 영적인 재앙이다. 바로 영적인 재앙이 진정한 재앙이다. 그러면 미가 7:1-6에서 말씀하는 이스라엘 백성들에게 내린 영적인 재앙은 무엇인가? 첫째, 은혜가 없고, 의인이 없다는 것이다. 둘째, 신뢰가 없고, 믿음이 없다는 것이다.

4) 그런데 문제는 미가 7:7이다. 우리말 개역개정은 미가 7:7에 단락을 나누는 ○가 있다.

미가 7:6까지가 끝을 내고, 미가 7:7부터 새로운 단락으로 시작하고 있다. 물론 미가서 세 번째 단락은 미가 6:1-7:6까지 심판이다. 그리고 미가 7:7-20까지는 구원이다. 이렇게 보면 우리말 개역 개정의 단락 구분은 옳은 것 같다. 그러나 미가 7:1-7까지를 하나의 단락으로 볼 수도 있다. 또 미가 7:7-13까지를 하나의 단락으로 볼 수도 있다. 왜냐하면 미가 7:7은 앞 부분과 뒷 부분을 서로 연결해 주는 교량 역할을 하고 있기 때문이다. 미가 7:7은 '와아니'(יִנֵאַו)라는 접속사로 시작하고 있는데, 이것은 '그러나' 라는 '와우'(ו)와 '나는' 이라는 '아니'(יִנֵא)가 결합된 말이다.

5) 우리말 개역개정은 미가 7:7을 '오직 나는'이라고 시작한다.

이것은 앞 부분과 분명한 대조를 보이고 있다. 미가 7:1은 '재앙이로다 나여 나는'이라고 시작했다. 그러나 이제 미가 7:7에서 '그러나 나는'이라고 하면서 서로 대조를 보이고 있다. 미가 7:1과 미가 7:7이 다 같이 1인칭으로 나온다는 점에서 인클루지오(inclusio)를 이루고 있기 때문이다. 이 단락을 구조적으로 보면 다음과 같다.

A 미 7:1 나는 없으며, 내 마음에 사모하는 처음 익은 무화과가 없음

　　B 미 7:2-3a 경건한 자와 정직한 자가 끊어짐 : 무리가 형제를 해하려고 함

　　　C 미 7:3b-4 지도자들의 타락

　　B' 미 7:5-6 서로 사람을 믿지 말 것 : 가족이 서로 해하려고 함

A' 미 7:7 나는 오직 하나님을 바라볼 것임

1. 나의 대적이여 기뻐하지 말라.

1) 우리말 개역개정과 같이 미가 7:7-13까지가 하나의 단락을 이

루고 있다. 미가 7:7에서는 미가 선지자와 선민 이스라엘이 여호
와 하나님을 바라보고 하나님께 기도하면 응답하실 것이라고 한
다. 그러면서 미가 7:8에서 '나의 대적이여'(אֹיַבְתִּי)라고 하고, 미가
7:10에서 '나의 대적'(אֹיַבְתִּי)이라고 하면서 나와 대적들과의 관계
에 대해서 말씀하고 있다. 나의 대적은 누구인가? 크게 세 가지로
생각해 볼 수 있다. 첫째, 미가 선지자 당시로 생각하면 앗수르이
다. 둘째, 미가 선지자 당시보다 먼 미래로 생각하면 바벨론이다.
셋째, 미가 선지자 시대를 통해 종말론적으로 생각하는 것이다. 세
가지를 다 포함하여 종합적으로 생각하면 좋겠다.

2) 미가 7:8에서 '나의 대적이여' 기뻐하지 말라고 한다. 나로 말미암
아 기뻐하지 말라고 한다. 여기 '나'는 선지자 미가와 선민 이스라
엘을 가리키는 표현이다. 파수꾼들의 날, 형벌의 날에 '재앙이로
다, 나여'라고 외친 그 말씀대로 하나님의 심판을 받아 멸망이 이
루어지는 것이다. 나의 대적자들에게 완전히 패배를 당하여 엎드
러지는 날이다. 심판과 멸망과 진노가 이루어진다. 수치와 부끄러
움을 당하는 날이다. 비록 그렇게 되더라도 나의 대적이여 절대로
기뻐하지 말라고 한다. 비록 비참하고 참혹한 패배를 경험하였지
만, 아직 끝이 아니기 때문이다. 왜냐하면 아직 최후의 상황은 아
니기 때문이다. 기쁨과 슬픔이 반전되는 역전의 때, 회복의 때가
있기 때문이다.

3) 그럼 왜 나의 대적들이 나로 말미암아 기뻐하지 말아야 하는가?
도대체 그 이유가 무엇인가? 우리말 개역개정에서는 접속사 '키'

가 생략되어 있다. 그러나 원문에서는 접속사 '키'가 있다. 그것도 미가 7:8에서 접속사 '키'를 한 번만 사용하는 것이 아니라, 두 번이나 사용하면서 재차 강조하고 있다. 그 일이 반드시 일어날 것을 분명하게 강조하고 있다. 회복이 틀림없이 일어날 수밖에 없는 이유를 재차 강조하고 있다.

4) 첫째 이유는 내가 엎드러질지라도 일어날 것이기 때문이라는 것이다. 현재는 엎드러 넘어졌지만, 미래에 반드시 일어날 것이라는 것이다. 엎드러지는 것과 일어나는 것이 서로 대조를 이루고 있다. 그런데 모두 완료형으로 기록하고 있다. 둘째 이유는 내가 어두운 데에 앉을지라도 여호와께서 나의 빛이 되실 것이기 때문이라는 것이다. 여기 어두운데 앉아 있다는 것은 하나님께 심판을 당해 대적에 의해 멸망 당한 비참한 상황을 말씀하는 것이다. 그렇다면 여호와께서 나의 빛이 된다는 것은 여호와께서 언젠가는 다시 빛을 비추어 회복시켜주신다는 것이다. 미가 7:9에서는 좀 더 구체적으로 말씀하고 있다. '주께서 나를 인도하사 광명에 이르게 하시리니 내가 그의 공의를 보리로다'라고 한다.

2. 나의 대적이여 부끄러워하라.

1) 미가 7:10에서 우리말 개역개정에는 접속사 '와우'가 생략되어 있다. 그러나 원문은 '와우'로 시작하고 있다. 그러면서 '이것'을 볼

것이라는 것이다. 무엇을 본다는 것인가? '내가 그의 공의를 보리로다'라고 했던 그 하나님의 공의를 보게 된다는 것이다. 그런데 문제는 누가 본다는 것인가? '나의 대적'이 본다는 것이다. 내가 보았던 하나님의 공의를 이제는 나의 대적이 본다는 것이다. 나의 대적이 보고, 부끄러워한다는 것이다.

2) 그리고 또 누가 본다는 것인가? 미가 7:10a에서는 나의 대적들이 보는데, 미가 7:10b에서는 미가 선지자와 선민 이스라엘이 보는 것이다. 무엇을 보는가? 하나님께서 대적을 거리의 진흙같이 밟으시며 심판하시는 장면을 보는 것이다. 그러니까 처음에는 대적들이 이스라엘을 멸망시키는 도구로 사용되지만, 나중에 대적들은 하나님께서 이스라엘을 회복시키는 것을 보면서 멸망하게 되는데, 바로 그 장면을 선민 이스라엘이 지켜 보게 될 것이라는 것이다.

3) 지금까지 미가 7:7-10에서는 1인칭 '나'를 주로 사용했다. 여기 '나'는 미가 선지자와 선민 이스라엘을 동일시하는 '나'라고 했다. 그런데 이제 미가 7:11-13에서는 2인칭 '너'를 주로 사용하고 있다. 여기 '너'는 선민 이스라엘을 가리키는 '너'이다. 이것은 마치 미가 7:1에서 '재앙이로다 나여 나는…'이라고 했다가, 미가 7:4에서 '너'로 전환되는 것과 같다. 미가 7:4이 우리말 개역개정은 3인칭 복수로 되어 있지만, 원문은 2인칭 단수 '너'로 되어 있기 때문이다. 한편 미가 7:14-20에서는 다시 '나'와 '너'의 의미를 합친 '우리'로 전환되고 있다.

4) 그러면서 그 날에 대해서 아주 구체적으로 말씀하고 있다. 첫째, 네 성벽을 건축하는 그날에 지경이 넓혀질 것이다(미 7:11). 둘째, 그 날에 사람들이 네게로 돌아올 것이다(미 7:12). 셋째, 그 날에 그 땅은 황폐할 것이다(미 7:13).

> **결론** 미가서 세 번째 큰 단락은 미가 6:1-7:20이다. 미가 6:1-7:6의 심판과 미가 7:7-20의 구원은 접속사 '와우'로 연결된다(미 7:7). 앞 부분의 심판과 뒷 부분의 구원이 서로 대조를 이루고 있다.

1) 미가 7:1에서 '재앙이로다 나여'라고 하면서, 미가 7:4에서 '그들(네)의 파수꾼들의 날 곧 그들(너) 가운데에 형벌의 날이 임하였으니'라고 했다. 그리고 그들에게 임하는 진정한 재앙은 은혜가 없고, 의인도 없고, 신뢰도 없고, 믿음도 없는 영적인 재앙이라는 것이다. 그렇지만 미가 7:7에서 '오직 나는', '그러나 나는'이라고 하면서 '여호와를 우러러보며, 나를 구원하시는 하나님을 바라보나니 나의 하나님이 나에게 귀를 기울이시리로다'라고 하면서 하나님에 대한 절대적 신앙 고백과 하나님의 응답의 확신을 말씀하고 있다.

2) 그러면서 미가 선지자와 선민 이스라엘의 행위를 강조하고 있다(미 7:8-13). '여호와께서 나의 빛이 되실 것이라'고 한다(미 7:8). 또한 '주께서 나를 인도하사 광명에 이르게 하시리니'라고 한다(미 7:9). 이렇게 그 행위에 대해 철저히 보상하시는 하나님은 아주 공

의로운 분이시라는 사실을 강조하고 있다. 지금까지는 죄악에 대해서 철저히 심판하시는 하나님을 강조했다. 그러나 이제 새로운 사실을 말씀하고 있다. 하나님은 죄악에 대해서만 그렇게 하시는 것이 아니라, 선을 행함에서도 그렇게 하신다는 사실을 강조하고 있다.

3) 조금 더 구체적으로 말씀하면 미가 7:9-10에서 '내가 하나님의 의를 보게 될 것이라'고 한다. 이 구절은 말라기 미가 4:2-3과 이사야 미가 58:8 및 미가 60:1-61:1과 어휘들이 매우 유사한 것이 많다. 이것을 도표로 그리면 다음과 같다.

미 7:9-10	말라기 4:2-3	이사야 58:8	이사야 60:1-61:1
광명	해	빛	빛(60:1)
의(체다까)	의(체다까)	의(체데크)	백성이 영원히 의롭게 됨(60:21)
대적자	악인	-	열왕(60:10)
대적자가 밝힘	의인이 밝힘	-	열왕들이 섬김(60:10-12)
-	치료	치유	치유(61:1)

4) 그래서 오직 내가 하나님을 절대적으로 바라고, 하나님께 기도하면 하나님은 어떻게 하시는가? 먼저 나의 대적들에 대해서 기뻐하지 말라고 한다. 소극적으로 말씀한다. 그 다음 나의 대적들에 대해서 부끄러워하리라고 적극적으로 말씀한다.

여호와여, 삼림 지대에서, 푸른 초원에서 외롭게 사는 주의 백성에게 목자가 되
셔서 그들을 인도하시며 옛날처럼 바산과 길르앗의 비옥한 목장에서
그들을 먹이소서.
Feed thy people with thy rod, the flock of thine heritage, which dwell solitarily
in the wood, in the midst of Carmel: let them feed in Bashan and Gilead, as in
the days of old.
미가 7:14

25

주는

25 주는

성경의 중심

성경 : 미가 7 : 14 - 17

> **서론** 미가서 세 번째 단락은 미가 6:1-7:20이다. 세 번째 단락은 크게 두 부분으로 나눌 수 있다. 하나는 미가 6:1-7:6이다. 심판이다. 다른 하나는 미가 7:7-20이다. 구원이다. '심판에서 구원(회복)으로' 향한다.

1) 7장에서 문제는 두 곳에 있다.

하나는 미가 7:7이다. 다른 하나는 미가 7:14이다. 우리말 개역개정은 미가 7:7에 단락을 나누는 ○가 있다. 미가 7:6까지 끝을 내고, 미가 7:7부터 새로운 단락으로 시작하고 있다. 물론 미가서 세 번째 단락은 미가 6:1-7:6까지가 심판이다. 그리고 미가 7:7-20까지는 구원이다. 이렇게 보면 우리말 개역개정의 단락 구분은 옳은 것 같다. 그러나 미가 7:1-7까지를 하나의 단락으로 볼 수도 있다. 또 미가 7:7-13까지를 하나의 단락으로 볼 수도 있다. 왜냐하면 미가 7:7은 앞 부분과 뒷 부분을 서로 연결해 주는 교량 역할을 하고 있기 때문이다.

2) 미가 7:7은 '와아니'(ואני)라는 접속사로 시작하고 있다.

이것은 '그러나'라는 '와우'(ו)와 '나는'이라는 '아니'(אני)가 결합된 말

25. 주는 • 295

이다. 그래서 우리말 개역개정은 '오직 나는'이라고 시작한다. 이것은 앞부분과 뒷부분이 서로 대조되는 내용이란 뜻이다. 미가 7:1은 '재앙이로다 나여 나는'이라고 시작했다. 그러나 이제 미가 7:7에서 '그러나 나는'이라고 시작하면서 서로 대조를 보이고 있다. 미가 7:1과 미가 7:7이 다같이 1인칭으로 나온다는 점에서 인클루지오(inclusio)를 이루고 있기 때문이다. 이 단락을 구조적으로 보면 다음과 같다.

> A 미 7:1 나는 없으며, 내 마음에 사모하는 처음 익은 무화과가 없음 - 1인칭
> B 미 7:2-3a 경건한 자와 정직한 자가 끊어짐 : 무리가 형제를 해하려고 함
> C 미 7:3b-4 지도자들의 타락 - 2인칭
> B' 미 7:5-6 서로 사람을 믿지 말 것 : 가족이 서로 해하려고 함
> A' 미 7:7 나는 오직 하나님을 바라볼 것임 - 1인칭

3) 분만 아니라, 미가 7:7은 뒷 부분과 연결되어 있다.

우리말 개역개정과 같이, 미가 7:7-13까지가 하나의 단락을 이루고 있다. 미가 7:7에서는 미가 선지자와 선민 이스라엘이 여호와 하나님을 바라보고, 하나님께 기도하면 응답하실 것이라고 한다.

4) 미가 7:7에 이어서 또 다른 하나의 문제는 미가 7:14이다.

우리말 개역개정은 미가 7:14에 단락을 나누는 ○가 있다. 그리고

미가 7:18에도 ○가 있다. 우리말 개역개정은 미가 7:7-13까지, 미가 7:14-17까지, 미가 7:18-20까지로 단락이 되어 있다. 미가 7:14을 뒷 부분과 밀접하게 연결시키고 있다. 물론 이렇게 보는 것이 틀렸다고 할 수는 없다. 옳을 수도 있다. 그러나 미가 7:14도 미가 7:7과 같이 앞 부분과 밀접하게 연결되어 있다. 미가 7:7에서 선지자 미가와 선민 이스라엘의 신앙 고백으로 시작했다. 그리고 이제 미가 7:14에서 선지자 미가와 선민 이스라엘의 중보적 기도 즉 간구로 끝을 맺는다고 볼 수 있다. 미가 7:7-14까지를 기도로 시작하여 기도로 끝을 맺는 서로 인클루지오(inclusio)를 이루고 있다고 볼 수 있기 때문이다. 고백에서 간구로 끝을 맺는 것으로 볼 수 있다. 이것을 구조적으로 보면 다음과 같다.

    A 미 7:7 나는 오직 하나님을 바라볼 것이라는 고백

      B 미 7:8-10 하나님의 공의(구원)와 나의 대적자의 패배

      B' 미 7:11-13 시온의 회복과 그 땅의 황폐

    A' 미 7:14 주의 기업의 양 떼를 먹여 달라고 기도

5) 또한 우리말 개역개정과 같이 미가 7:14은 뒷 부분 미가 7:15-17과도 밀접하게 연결되어 있다.

기도하니 그 기도에 응답하신다는 구조로 이루어져 있다. 따라서 미가 7:14도 앞 부분과 뒷 부분을 연결하는 다리 역할을 하고 있는 것이 사실이다. 마치 미가 7:7에서 '그러나 나는'이라고 기도했더니, 응답하신 것과 같이 미가 7:14도 기도했더니, 그 기도에 응답하신다는 구조이다. 이중적구조이다.

미가서 7:7-13	미가서 7:14-17
기도 → 응답	기도 → 응답

1. 주는 먹이시옵소서.

1) 미가 7:7-10은 '나'라는 1인칭 단수 대명사를 사용하고 있다. 또한 미가 7:11-13은 '너'라는 2인칭 단수 대명사를 사용하고 있다. 그리고 미가 7:14-20은 우리말 개역개정에서 '주'라는 3인칭 단수를 사용하고 있지만, 원문은 당신 즉 하나님을 의미하는 2인칭 단수를 사용하고 있다. 또한 '우리'라는 1인칭 복수 대명사도 사용하고 있다. 이제까지 고백한 내용들이 반드시 이루어지기를 간구하며 그 일을 행하실 하나님을 찬양하고 있다. 목자와 양의 관계로 회복하여 주기를 간구하고 있다(미 2:12, 4:6-8, 5:4).

2) 미가 7:14에서 주는 주의 백성을 주의 지팡이로 먹여 달라고 한다. 주의 지팡이로 먹이는 대상이 주의 백성이다. 그리고 주의 기업의 양 떼라고 한다. 하나님께서 보호해 주시기를 간구하는 대상이 주의 백성, 주의 기업의 양 떼이다. 그러면서 '그들을 옛날같이 바산과 길르앗에서 먹이시옵소서'라고 한다.

3) 여기 '옛날같이'는 크게 세 가지로 볼 수 있다. 첫째, 출애굽으로 보는 것이다. 둘째, 다윗 시대로 보는 것이다. 셋째, 상징적으로 보는 것이다. 미가 7:14에서는 과거 출애굽의 구원을 들어서 말씀하고 있다(출 9-12장). 이와 같이 장래에 선민 이스라엘을 바벨론으

로부터 해방시키심으로 제2의 출애굽과 같은 축복의 시간을 이루실 것을 약속하고 있다. '내가 그들에게 이적을 보이리라'고 한다.

2. 주로 말미암아 두려워하리이다.

1) 문맥상으로 미가 7:15은 하나님께서 하신 말씀이고, 미가 7:16-17은 선지자 미가 혹은 선민 이스라엘, 남은 자가 한 것으로 보아야 한다. 왜냐하면 미가 7:17에서 '우리 하나님 여호와'라고 말씀하고 있기 때문이다. 미가 7:14-15에서 선민 이스라엘은 하나님께서 목자가 되어 먹이시옵소서라고 기도하고, 이어서 하나님께서는 과거 이스라엘을 구원하시는 것과 같이 구원하시겠다는 응답을 하시는 것으로 볼 수 있다. 그렇다면 미가 7:16-17은 선민 이스라엘에 대한 하나님의 선언에 대한 일종의 보충 설명으로 세상의 여러 나라들도 하나님의 권세 아래 복종하게 될 것이라고 말씀하고 있는 것이다. 그래서 미가 7:16에서 '여러 나라가 보고'라고 한다. 선민 이스라엘과 대조적으로 열방에 대해서 말씀하고 있다. 선민 이스라엘과 열방의 대조적인 운명을 강조하고 있다.

2) 미가 7:16에서는 무엇을 본다고 하는가? 미가 7:15의 '내가…보이리라'에 나오는 '라아'와 모두 같은 말이다. 미가 7:9에서 '내가 그의 공의를 보리로다'라고 했고, 미가 7:10에서 '나의 대적이 이것을 보고…'라고 했으며, 그리고 '그것을 내가 보리로다'라고 했다. 미가 선지자와 선민 이스라엘이 보리라고 했다. 뿐만 아니라, 나의

대적도 하나님의 공의를 본다는 것이다. 그리고 이제는 미가 7:16 에서 열방이 본다는 것이다. 하나님께서 이적을 베푸셔서 출애굽 구원 기사가 선민 이스라엘에게만 보여지는 것이 아니라, 모든 나라들에게도 보여질 것이라는 것이다. 열방이 선민 이스라엘의 출애굽을 보게 된다는 것이다. 하나님께서 베푸시는 이적을 보게 된다는 것이다.

3) 우리말 개역개정의 미가 7:17에서는 두 번이나 두려워한다는 말씀을 하고 있다. 이방 나라, 열방들이 하나님에 대해 두려워한다는 것이다. 그런데 '두려움'이라는 단어가 서로 다르다. 앞의 두려움은 하나님의 기적 즉 지진이나 재앙이나 심판이나 자연환경의 큰 흔들림 등에 대한 외적인 두려움이다. 그러나 뒤의 두려움은 내적인 두려움으로 존경의 마음이 포함되어 있다. 단순한 두려움이 경외감으로 바뀌는 것을 말씀하고 있다.

4) 그렇다면 어떻게 열방의 두려움이 경외감으로 변화되는가? 첫째, 손으로 입을 막고 귀가 막히게 된다는 것이다. 자신들이 가히 감당할 수 없는 위대한 일을 행하시는 것을 보고 이에 대해 크게 놀람과 존경과 경외를 표현하고 있다. 둘째, 뱀처럼 티끌을 핥으며 벌레처럼 떨 것이다. 세상 나라들이 하나님의 엄위하심과 왕적 권능에 대해 경외감을 가질 때의 지극히 합당한 반응을 표현하고 있다. 왜냐하면 곧바로 '우리 하나님 여호와께로 돌아와서 주로 말미암아 두려워하리로다'라고 말씀하고 있기 때문이다.

결론 미가서 세 번째 단락(미 6:1-7:20)의 미가 6:1-7:6은 심판이고, 미가 7:7-20은 구원이다. 여기서 미가 7:7이 접속사 '와우'로 시작하여 앞의 심판과 뒤의 구원이 서로 대조를 이루고 있다. 그러면서 미가 7:7은 '오직 나는', '그러나 나는'에 이어 '여호와를 우러러보며, 나를 구원하시는 하나님을 바라보나니 나의 하나님이 나에게 귀를 기울이시리로다'라고 하면서 하나님에 대한 절대적 신앙 고백과 하나님의 응답의 확신을 말씀하고 있다.

1) 미가 7:7에서는 미가 선지자와 선민 이스라엘의 행위를 강조하고 있다. 이러한 미가 선지자와 선민 이스라엘 백성들의 행위에 대한 하나님의 보상을 미가 7:8-13에서 말씀하고 있다. 기도에 대한 응답으로 말씀하고 있다.

2) 먼저 '나의 대적이여'(미 7:8, 10)라고 하면서 두 가지를 말씀하고 있다. 첫째는 나의 대적이여 기뻐하지 말라고 한다. 둘째는 나의 대적이여 부끄러워하라고 한다. 그 다음은 내가 두 가지를 보리라고 말씀하고 있다(미 7:9, 10). 첫째는 '내가 그의 공의를 보리로다'라고 한다. 둘째는 '나의 대적이 거리의 진흙같이 밟히는 것을 내가 보리로다'라고 한다.

3) 여기서 미가 7:7-10까지는 1인칭 단수 '나는'이라고 한다. 이어서 미가 7:11-13은 2인칭 단수 '너'라고 한다. 미가 선지자와 선민 이스라엘의 기도(간구)에 응답을 확신하고 있다. 여기에 대해서 미가

7:11-13에서는 하나님이 응답하시고 있다. 그리고 미가 7:14에서 다시 미가 선지자와 선민 이스라엘이 주께 기도한다. 주는 주의 지팡이로, 주의 백성, 주의 기업의 양 떼를 먹이시옵소서라고 한다. 그랬더니 미가 7:15-17에서 주 즉 하나님이 다시 응답하고 있다. 기도와 응답의 구조로 이루어지고 있다. 이것을 화자 중심으로 분류를 하면 다음과 같이 이중적 구조이다.

미가서 7:7-13	미가서 7:14-17
A 미 7:7-10 (오직 나는) 미가 선지자, 선민 이스라엘 B 미 7:11-13 하나님	A' 미 7:14 (오직 나는) 미가 선지자, 선민 이스라엘 B' 미 7:15-17 하나님

4) 미가 7:7-13에 이어서 미가 7:14-17에서 또 한 번 기도하면 응답하신다는 것이다. 주는 먹이시옵소서라고 한다. 마치 목자가 양 떼를 먹이신 것과 같이 풍성하게 먹여 달라고 한다. 이러한 간구에 목자되신 주께서, 여호와 하나님께서 응답하고 있다. 어떻게 응답하고 있는가? 첫째, 내가 이적을 보이리라고 했다. 둘째, 여호와께로 돌아오게 될 것이라고 했다.

주와 같은 신이 어디 있습니까? 주는 살아 남은 주의 백성의 죄를 용서하시며 언제나 노하기만 하지 않으시고 주의 한결같은 사랑을 보이시기를 기뻐하는 분이십니다.

Who is a God like unto thee, that pardoneth iniquity, and passeth by the transgression of the remnant of his heritage? he retaineth not his anger for ever, because he delighteth in mercy.

미가 7:18

26

주께서

26 주께서

성경 : 미가 7 : 18 – 20

서론 미가서는 크게 세 부분으로 나눌 수 있다. 미가 1:1 표제에 이어 각 단락이 '들으라'(미 1:2, 3:1, 6:1)로 시작하는 첫째, 1-2장이다. 둘째, 3-5장이다. 셋째, 6-7장이다. 그러면서 각 단락들 안에 '심판과 구원'이 서로 짝을 이루고 있다. 첫 번째 단락에서(미 1:2-2:13), 미가 1:2-2:11은 심판이며, 미가 2:12-13은 구원이다. 두 번째 단락에서(미 3:1-5:15), 미가 3:1-12은 심판이며, 미가 4:1-5:15은 구원이다. 세 번째 단락에서(미 6:1-7:20), 미가 6:1-7:6은 심판이며, 미가 7:7-20은 구원이다.

1) 각 단락들이 모두 심판에서 구원으로이다.

심판을 통한 구원이다. 회개를 통한 회복이다. 심판이 중심이 아니라, 구원이 중심이다. 심판이 목적이 아니라, 구원이 목적이다. 심판이 핵심이 아니라, 구원이 핵심이다. 이렇게 '심판에서 구원으로'를 말씀하는 미가서의 중심에서, 아니 소선지서의 중심에서, 더 나아가서 성경 전체의 중심에서 바로 베들레헴에서 탄생하시는 메시아, 이스라엘을 다스릴 자(미 5:2)를 통해 야곱의 남은 자들이(미 5:7) 구원과 회복의 축복을 누리게 된다는 것을 말씀하고 있다. 신약적 표현으로 하면 예수 그리스도를 통해서 심판과 멸망에서 구원과 회복의 역사가 일어나는 것이다. 미가서는 철저히 베들레헴에서 탄생하실 예수 그리스도를 통해 심판에서 회복의 역사가 일어남을 말씀하고 있다.

2) 세 번째 단락은 이제 심판을 넘어(미 6:1-7:6) 구원과 회복의 역사(미 7:7-20)를 말씀하고 있다.

미가 7:7에서 "오직 나는 여호와를 우러러보며 나를 구원하시는 하나님을 바라보며" 결단하고 간구하니 하나님께서 응답하시고, 역사하신다는 것이다. 그 결과 '내가 보리로다'라고 한다. 무엇을 보리라고 하는가? '내가 그의 공의를 보리로다'라고 한다. '내가 나의 대적이 거리의 진흙같이 밟히는 것을 보리로다'라고 한다. 이어서 미가 7:14에서 "원하건대 주는 주의 지팡이로 주의 백성…주의 기업의 양 떼를 먹이시되…먹이시옵소서"라고 기도하고 간구하니 하나님께서 응답하시고 역사하신다는 것이다. 그 응답으로 '내가 이적을 보이리라'라고 한다. 출애굽의 구원과 같은 역사를 보이시겠다고 한다. 또한 열방이 '우리 하나님 여호와께로 돌아오리라'라고 한다. 이것을 구조적으로 보면 다음과 같은 이중적 구조로 볼 수 있다.

미가 7:7-13	미가 7:14-17
A 7:7 오직 나는 : 하나님이 귀를 기울여 달라고 간구	A' 7:14 주의 기업 : 하나님이 지팡이로 그들을 통치해 달라는 간구
B 7:8-9 공의를 통해 구원의 의를 보게 될 것	B' 7:15 제2의 출애굽을 통해 하나님이 구원의 의를 베풀 것
C 7:10 대적자들의 패배 : 진흙같이 밟히게 될 것	C' 7:16-17a 열방의 패배 : 티끌을 핥을 것임
D 7:11-13 사람들이 시온으로 돌아옴	D' 7:17b 열방이 여호와께로 돌아옴

3) 이제 미가서의 마지막 결론 부분(미 7:18-20)이다.

미가 7:18에서 '주와 같은 신이 어디 있으리이까?…'라고 한다(출 15:11). '미가'라는 말과 같다. 미가는 '누가 여호와와 같으리요'라는 의미이다. 이러한 표현은 구약 성경 곳곳에서 사용되는 말씀으로(출 15:11, 시 81:9, 86:8, 95:3, 135:5). 하나님의 권능과 절대주권은 무엇과도 비할 수 없을 만큼 위대하고 강함을 강조하는 것이라 할 수 있다.

4) 이러한 말씀은 미가 7:10과 대조를 이루고 있다, '…네 하나님 여호와가 어디 있느냐…'라고 대적자들이 말하면서 하나님을 조롱하고, 하찮게 여기며, 저주를 그렇게 퍼부었지만, 이제는 반대로 과연 누가 하나님과 견줄 수 있느냐는 것이다.

정말 위대하고, 놀라우신 하나님과 비교할 수 있는 대상은 이 세상 어디에도 없다는 것이다. 이 말씀은 오직 하나님만이 참된 신이심을 나타내고 있다. 오직 하나님의 하나님 되심을 드러내고 있다.

5) 미가서 전체가 이것을 보여주고, 좁게는 마지막 미가 7:18-20에서 이점을 분명히 하고 있다.

한마디로 하나님의 위대하심을 찬양하는 말씀이다. 즉 지존하신 하나님, 상천하지의 하나님이라는 것이다.

1. 주께서는 죄악과 허물을 사유하신다.

1) 미가 7:18은 여호와 하나님께서 자기 백성의 죄악을 용서하시고 허물을 묻지 않으시는 분이라는 사실을 말씀하고 있다. 우리말 개역개정에서는 '사유(赦宥)'라고 한 단어로 번역하고 있다. 그러나 원문은 두 단어이다. 하나는 '노세'라는 단어이고, 다른 하나는 '오베르'라는 단어이다. 여기 '노세'는 지은 죄에 대하여 형벌을 내리지 않는다는 뜻으로 사면의 의미가 아주 강하다. 다 용서해 주신다는 것이다. 그러나 '오베르'는 단지 죄에 대한 형벌을 내리지 않는다는 의미만 아니라, 그 죄악 자체를 말끔히 소멸시킨다는 의미가 아주 강하다. 깨끗이 없애 주신다는 것이다.

2) 그 이유는 하나님께서 인애(헤세드)를 기뻐하시는 분이기 때문이라는 것이다. 하나님께서 헤세드 즉 인애, 인자, 은총, 자비, 은혜, 긍휼을 자기 백성들에게 베푸시는 분이라는 것이다. 하나님께서 언약적 사랑을 베푸시기 때문이다.

3) 그럼 도대체 누구에게 이와 같은 인애를 베푸시면서, 기뻐하시며, 죄악과 허물을 용서해 주시는 것인가? 아주 중요한 말씀이 바로 여기에 있다. '그 기업에 남은 자'를 말씀하고 있다. 좀 더 구체적으로 '그의 기업의 남은 자들을 위하여'라는 말씀이다. 그의 기업에 남은 자가 아니고, 그의 기업의 남은 자이다. 남은 자들이 기업에 남아 있다는 것이다. 남은 자들은 하나님의 기업, 거룩한 소유이다(미 2:12, 4:7, 5:7-8). 이제 그의 기업의 남은 자를 위하여 죄악

과 허물을 용서해 주신다는 것이다.

2. 주께서는 성실과 인애를 베푸신다.

1) 미가 7:18에서는 하나님께서 그의 기업의 남은 자를 위해서 용서
해주신다는 것이다. 죄악을 깨끗이 용서해 주신다는 것이다. 그리
고나서 미가 7:19에서 '다시'라고 말씀하고 있다. 우리말 개역개정
은 '다시'라고 부사적으로 번역을 하고 있지만, 원문은 '야슈브'이
다. '야슈브'는 '슈브'라는 말씀이다. 돌아온다는 것이다. 다시 의
역을 하면, '그 분이 다시 돌아온다'는 것이다. 여호와 하나님께서
다시 돌아오셔서 우리를 불쌍히 여기신다는 것이다. 아무런 조건
없이 크고 깊은 사랑으로 그의 기업의 남은 자를 위해서 불쌍히 여
기실 것이라는 것이다. 선민 이스라엘에 대해 진노를 오래 품지 않
으실 뿐만 아니라, 선민 이스라엘을 불쌍히 여기신다는 것이다.

2) 이제 여기서 한 걸음 더 나아가서 허물이 이스라엘을 추격했으나,
하나님은 이스라엘의 죄를 용서하시고, 그들의 모든 허물은 바다
깊은 곳에 던져 버리셨다는 것이다. 홍해 사건을 죄 용서에 적용한
매우 독특한 구절이다(참고 고전 10:1-2). 이것은 모든 죄들을 바다
에 던져 버려 기억도 나지 않게 하시겠다는 것이다. 다시 말해 죄를
이길 수 있는 능력까지 주시는 하나님이라는 것이다. 하나님의 용
서의 온전성과 완전성과 철저성을 강조하고 있다(렘 31:34, 히 8:12).

3) 그렇다면 왜 하나님께서 선민 이스라엘을 회복시켜 주시는가? 죄를 온전하게 용서해 주시는가? 도대체 그 근거가 무엇인가? 미가 7:20에서 미가 선지자는 선민 이스라엘에 대한 희망을 자신에게서 찾지 않고, 이스라엘 백성의 조상들과 맺으신 언약에서 그 근거를 찾고 있다. 바로 하나님의 신실하심이다. 한 번 약속하신 것을 반드시 지키시는 그 하나님의 속성에 근거하고 있다. 이러한 하나님의 속성을 두 가지로 말씀하고 있다. 하나는 야곱에게 성실을 베푸시며, 또 다른 하나는 아브라함에게 인애를 더하시기 때문이라고 한다.

> **결론** 기독교에서 가장 중요한 것이 성경이다. 성경이란 무엇인가? 성경은 하나님의 말씀이다. 성경은 하나님의 계시이다. 성경은 하나님의 규범이다. 성경이 왜 어려운가? 그것은 첫째, 헬라적 사고, 둘째, 히브리적 사고, 셋째, 기독교적 사고(복음적 사고)가 있다. 그 중에 기독교적 사고 즉 성령 안에서 사고의 변화가 필요하기 때문이다. 성경은 어떠한 구조로 되어 있는가? 한 권으로 통일성을 가지고 있으며, 66권으로 다양성을 가지고 있다. 성경의 핵심은 무엇인가? 바로 예수 그리스도이시다(요 5:39, 46, 눅 24:44). 이것을 도표로 나타내면 다음과 같다.

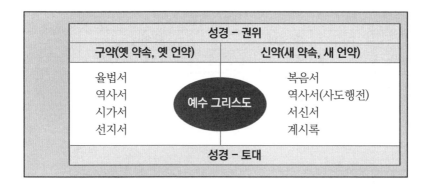

성경 - 권위	
구약(옛 약속, 옛 언약)	신약(새 약속, 새 언약)
율법서 역사서 시가서 선지서	복음서 역사서(사도행전) 서신서 계시록
성경 - 토대	

(가운데: 예수 그리스도)

1) 성경의 맨 처음은 구약이다. 구약 중에서 창세기이다. 창세기 1:1 에서 창조로 시작한다. 그리고 말라기 4:6에서 저주로 끝을 맺고 있다. 성경의 마지막은 신약이다, 신약 중에서 요한계시록이다. 신약의 제일 처음은 마태복음 1:1에서 족보로 시작한다. 그리고 요한계시록 22:21에서 은혜로 끝을 맺는다. 구약 말라기 4:6에서는 아멘이 없지만, 신약 요한계시록 22:21에서는 아멘이 있다. 저주에는 아멘이 없지만, 저주를 은혜로 바꾸는 그곳에 아멘이 있다. 예수 그리스도를 통해서 저주가 은혜로 변화되는 것이다.

2) 성경의 가장 처음인 구약의 창세기와 성경의 가장 마지막인 신약의 요한계시록은 서로 밀접하게 연관성을 가지고 서로 수미쌍관 (inclusio)을 이루고 있다. 성경 전체의 시작 부분인 창세기 1-4장의 큰 주제는 '첫 창조와 타락'이라고 할 수 있다. 그리고 성경 전체의 마지막 부분인 요한계시록 19-22장의 큰 주제는 '심판과 새 창조'라고 할 수 있다. 이러한 사실을 도표로 나타내 보면 다음과 같다.

	성경 - 권위		
영원	옛 언약		새 언약
	창 1-4장 첫 창조와 타락	예수 그리스도	계 19-22장 심판과 새 창조
	구약		신약
	성경 - 토대		영원

3) 성경의 중간은 어디냐, 성경 전체의 절의 중간 부분에서는 무엇을 가르치고 있느냐는 것이다. 성경 전체의 절의 중간은 시편 103:1-2이다. 그런데 시편 103편 앞의 시편 102편은 시온 회복을 간청하고 있다. 그러면서 시편 103편은 다시 모세의 시대로 인도되면서(시 103:7), 여호와의 인자하심을 강조하고 있다. 그리고 시편 103편 다음에 시편 104편은 여호와 하나님이 창조주 되심을 말씀하고 있다. 그래서 스펄전은 시편 103편을 '한 권의 성경'이라고 할 만큼 포괄적인 진리를 담고 있다고 했다. 또한 시편 103편은 절 수가 22절로 히브리어 알파벳 수효와 같아서 알파벳 시편이라고 한다. 따라서 시편 103편은 성경 전체의 역구조로 되어 있다. 진정한 시온의 회복을 바라는 자는 여호와를 송축해야 한다는 것이다. 그렇게 해야 할 이유는 바로 그 하나님이 창조주 하나님이시기 때문이라는 것이다. 이것을 도표로 나타내면 다음과 같다.

시편 102편	시편 103편	시편 104편
시온의 회복 간청	여호와를 송축하라	천지의 창조 섭리

성경 - 권위			
	창 1-4장	시 103편	계 19-22장
영원	첫 창조와 타락	여호와를 송축하라	심판과 새 창조
	성경 - 토대		영원

4) 성경의 중앙은 어디냐, 성경 전체의 장의 중앙 부분에서는 무엇을 가르치고 있느냐는 것이다. 성경 전체의 장의 중심은 시편 118편이다. 이러한 시편 118편을 중심에 두고, 앞에는 117편이다. 성경 전체에서 가장 짧은 단 2절이다. 그리고 뒤에는 119편으로 성경 전체에서 가장 긴 176절이다. 그래서 시편 118편은 성경 전체의 축약판이라고 한다. 마틴 루터는 시편 118편을 '내가 가장 사랑하는 시편'이라고 했다. 이 시편이 '나를 수많은 환란에서 건져내었다'고 했다. '나에게 큰 힘을 주었다'고 고백했다. 이것을 도표로 나타내면 다음과 같다.

시편 117편	시편 118편	시편 119편
성경에서 가장 짧은 장	성경에서 가장 중심 장	성경에서 가장 긴 장
여호와를 찬양하라	여호와께 감사하라	율법을 마음에 새기라

5) 시편 113-117편은 출애굽의 할렐시이다. 출애굽의 하나님을 말씀하고 있다. 출애굽 할렐시의 결론이 시편 118편이다. 그리고 시편 120-134편은 성전에 올라가는 노래이다. 시온의 하나님을 말씀하고 있다. 이러한 시온의 노래의 서론이 시편 119편이다. 출애굽에서 시온의 순서로 성경 전체의 순서대로 되어 있다. 따라서 출

애굽을 통해서 구원 받음에 대해서 찬양하고, 감사할 뿐 아니라, 시온을 향해 올라가기 위해서 마음에 율법을 새기라는 것이다. 그렇게 하는 자에게 시온의 축복을 누리게 하신다는 것이다. 이것을 도표로 나타내면 다음과 같다.

시편 113-117편	시편 118편	시편 119편	시편 120-134편
출애굽 할렐시	여호와께 감사하라	율법을 마음에 새기라	시온의 순례 시
유월절(장막절)		오순절(시내산)	장막절

	성경 - 권위		
영원	창 1-4장	시 118편	계 19-22장
	첫 창조와 타락	여호와께 감사하라	심판과 새 창조
	성경 - 토대		

6) 성경의 중심은 어디냐, 성경 전체의 권의 중심 부분에서는 무엇을 가르치고 있느냐는 것이다. 66권의 중심은 33권인데, 미가서이다. 칠십인역(LXX)은 호세아-아모스-미가-요엘-오바댜-요나-나훔-하박국-스바냐-학개-스가랴-말라기의 순서로 되어 있다. 그러나 마소라 본문(MT)은 호세아-요엘-아모스-오바댜-요나-미가-나훔의 순서로, 나머지는 동일하게 되어 있다. 우리말 개역개정은 칠십인역(LXX)이 아니라 마소라 본문(MT)을 따라 호세아-요엘-아모스-오바댜-요나-미가-나훔-하박국-스바냐-학개-스가랴-말라기의 순서로 되어 있다. 마소라 본문과 우리말 개역개정은 모두 정경적 배열을 요나-미가-나훔 순으로 하고 있다. 미가서는 요나서와 나훔서 중간에 위치하고 있다. 이것을 도표로 보면 다음과 같다.

요나	미가	나훔
니느웨의 구원	북 이스라엘과 남 유다	니느웨의 멸망

영원	성경 - 권위			영원
	창 1-4장	미가서	계 19-22장	
	첫 창조와 타락	심판과 구원(회복)	심판과 새 창조	
	성경 - 토대			

7) 성경 전체 66권의 중심이 미가서이다. 미가서는 소선지서의 중심이기도 하다. 미가서는 크게 세 부분으로 나눌 수 있다. 미가 1;1: 표제에 이어 미가 1:2에서 '들으라'(שִׁמְעוּ)라고 시작하고 있다. 또한 미가 3:1에서 다시 '들으라'(שִׁמְעוּ)로 시작하고 있다. 그리고 미가 6:1에서도 '들으라'(שִׁמְעוּ)로 시작하고 있다. 이렇게 미가서를 '들으라'(שְׁמַע)로 시작하는 것을 중심으로 크게 세 부분으로 나눌 수 있다. 1-2장과 3-5장과 6-7장이다. 미가 1:1의 표제에 이어 미가 1:2-2:11은 심판이다. 미가 2:12-13은 구원이다. 또한 미가 3:1-12은 심판이다. 미가 4:1-5:15은 구원이다. 그리고 미가 6:1-7:6은 심판이다. 미가 7:7-20은 구원이다. 그 중에서 미가 7:7-13과 미가 7:14-17은 미가 선지자와 선민 이스라엘의 행위를 강조하고 있다. 기도에 대한 응답으로 말씀하고 있다. 그것도 이중적 구조로 되어 있다. 이것을 구조적으로 보면 다음과 같다.

미가 7:7-13	미가 7:14-17
A 7:7 간구 및 고백 B 7:8-13 하나님의 응답 및 역사	A' 7:14 기도와 간구 B' 7:15-17 하나님의 응답과 역사

8) 이제 마지막에 와서는 '주와 같은 신이 어디 있으리이까?'(미 7:18) 라고 찬양하고 있다. 미가 선지자 이름의 뜻이 '누가 여호와와 같으리니까?'인 것과 같은 말씀이다. 특별히 미가 7:18과 미가 7:19 은 대칭이 되고 있다. 미가 7:18에서는 하나님의 죄 용서와 그 백성을 향한 인애를 표현하고, 미가 7:19에서는 그 백성을 긍휼히 여기심과 죄 용서를 기록하고 있다는 점에서 두 구절은 A-B-B'-A' 구조로 대응되고 있다. 두 구절의 핵심에는 하나님의 인애와 불쌍히 여기는 성품이 있고, 두 구절을 둘러싸는 틀에는 그 백성의 죄와 허물을 용서하시고 바다 깊은 곳에 던져 버리시는 행위가 있다. 죄를 용서하시고 간과하시며 바다 깊은 곳에 던지신다는 확신과 깨달음을 선민 이스라엘, 주의 기업의 남은 자들에게 말씀하고 있다(출 34:6-7). 마치 처음 출애굽을 통해 이미 놀라운 구원을 베푸셨고, 앞으로 있을 새로운 출애굽을 통해 다시 구원을 베푸실 하나님을 찬양하고 있는 것과 같다. '여호와를 누구에게 비교하겠느냐'는 것이다. 이것을 구조적으로 보면 다음과 같다.

A 미 7:18a 여호와의 독특성 : 주와 같은 신이 어디 있으리이까?
 B 미 7:18bc 죄를 용서하심과 허물을 넘기심
  C 미 7:18d 하나님의 인애 : 진노를 오래 품지 않음

C' 미 7:19a 하나님의 인애 : 불쌍히 여김
B' 미 7:19bc 죄악을 발로 밟음과 죄를 깊은 바다에 던짐
A' 미 7:20 여호와의 독특성 : 언약의 맹세를 끝까지 지키는 성실과 인애

9) 이렇게 미가서 마지막을 마무리 하면서 그 모든 비극과 절망적인 상황에서 선민 이스라엘, 주의 기업의 남은 자들이 구원을 받으며, 궁극적으로 승리를 얻을 것임을 찬양하고 있다. 회복하실 것을 말씀하고 있다. 이러한 모든 일들, 곧 선민 이스라엘이 심판을 받는 것, 그리고 그에게 구원받아 회복하고, 승리하여 영광스러움에 참여하게 되는 것은 다른 무엇 때문도 아니요 오직 하나님의 공의와 자비에 근거한 것이다. 언약에 신실하심 때문이다. 야곱에게 성실과 아브라함에게 인애를 베푸심 때문이다. 이러한 하나님은 죄를 용서하시는 사랑의 하나님이시다. 구원의 능력을 지니신 구원의 하나님이시다. 영원히 신실하신 하나님이시다. 이것으로 미가서를 끝맺고 있다. 이렇게 미가서는 분노하신 하나님의 임재로 시작하여 하나님의 은혜에 대한 찬양으로 끝을 맺고 있다.